JÜRGEN MEYER

Ausflugsziele

in die Geschichte der Schwäbischen Alb

JÜRGEN MEYER

Ausflugsziele

in die Geschichte der Schwäbischen Alb

101
Highlights

ENTDECKEN UND ERLEBEN

Oertel + Spörer

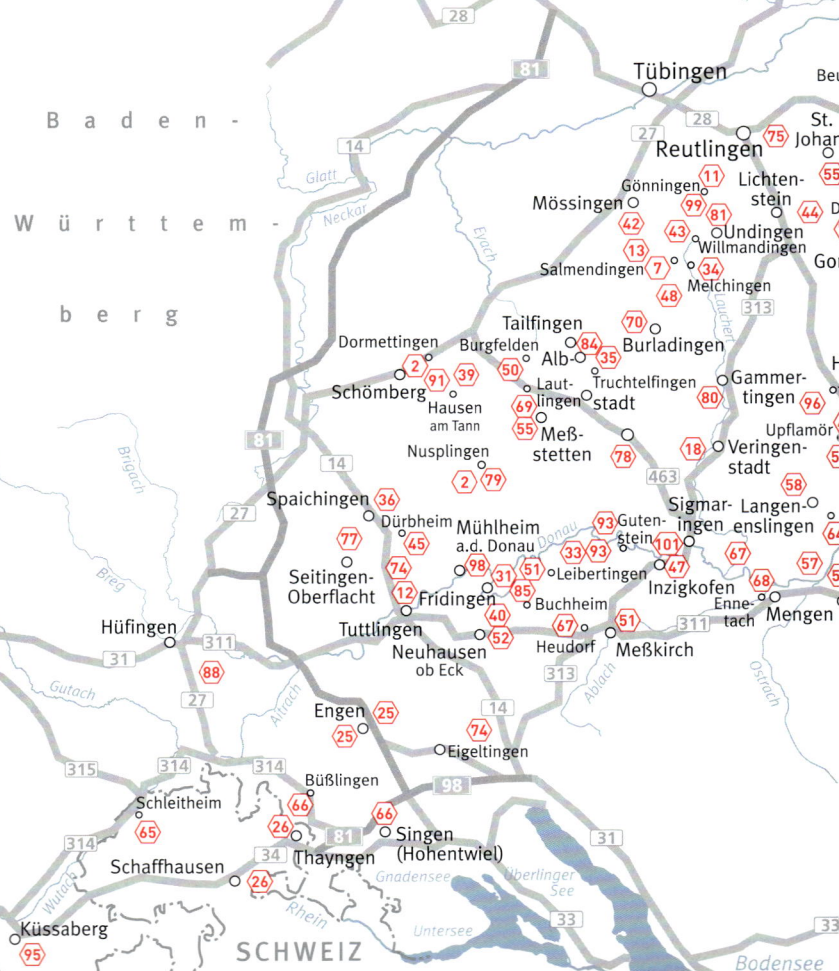

Ausflugsziele in die Historie der Schwäbischen Alb

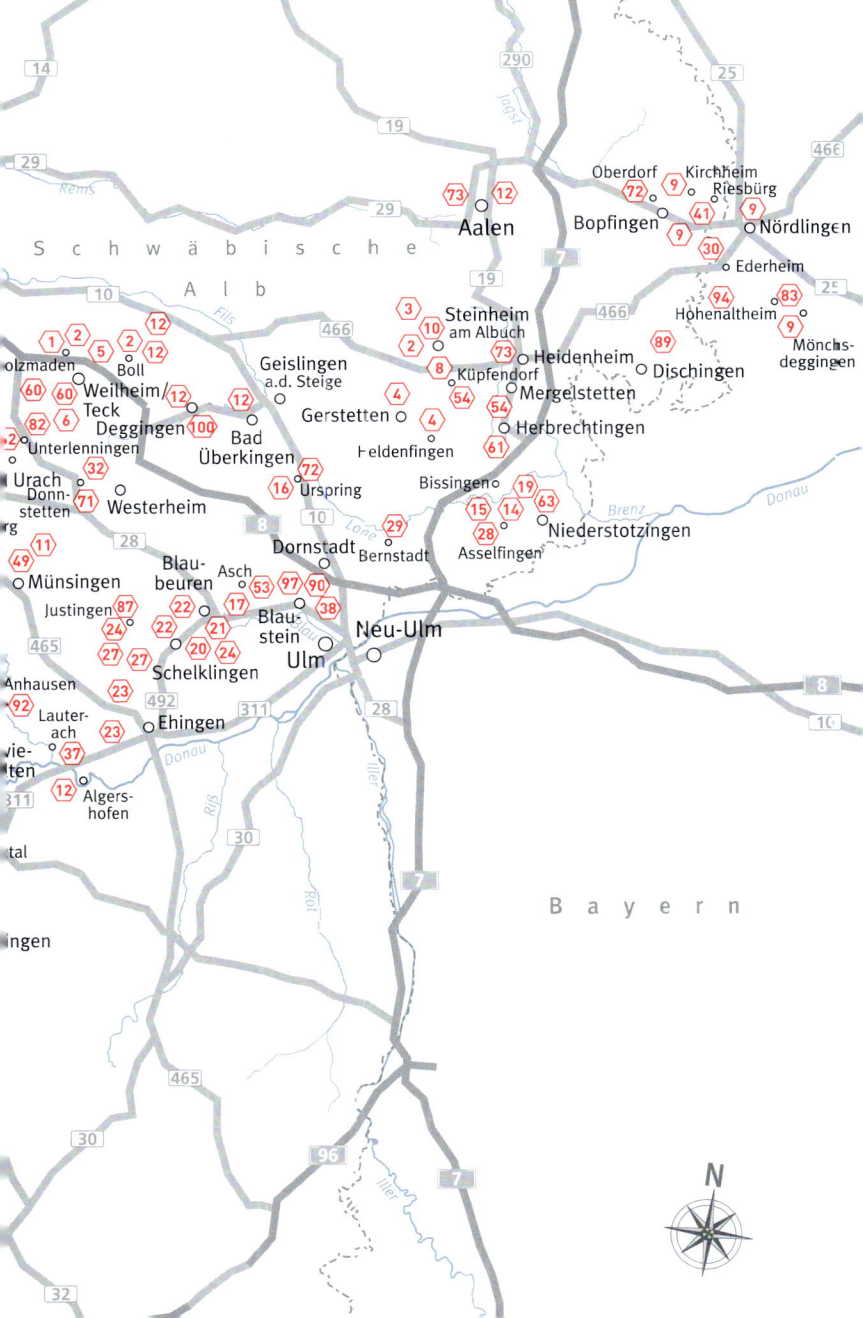

Erdmittelzeit (Mesozoikum)

1 Jurameer – **Umweltmuseum Hauff, Holzmaden**
2 Jurameer – **Klopfplätze, Albrand**
3 Dolomitenfelsen – **Wental, Ostalb**

Erdneuzeit (Känozoikum)

4 Heldenfinger Kliff – **Gerstetten**
5 Vulkanschlot – **Aichelberg**
6 Vulkankrater – **Randecker Maar**
7 Bohnerzgruben – **Salmendingen**
8 Steinheimer Becken – **Steinheim am Albuch**
9 Nördlinger Ries – **Riesalb**
10 Wädlesfels – **Steinheim**
11 Kalktuffbarre – **Seeburg**
12 Warme Quellen – **Algershofen, Albrand**
13 Nationaler Geotop – **Bergrutsch Mössingen**

Mittelaltsteinzeit (Mittelpaläolithikum)

14 Neandertaler – **Stadelhöhle Lonetal, Asselfingen**
15 Neandertaler – **Bocksteinhöhlen Lonetal, Bissingen**
16 Neandertaler – **Haldensteinhöhle Lonetal, Urspring**
17 Neandertaler – **Große Grotte, Blaubeuren**
18 Neandertaler – **Göpfelsteinhöhle, Veringenstadt**

Jungaltsteinzeit (Jungpaläolithikum)

19 Vogelherdhöhle – **Lonetal, Niederstotzingen-Stetten**
20 Hohle Fels – **Achtal, Schelklingen**
21 Geißenklösterle – **Achtal, Blaubeuren-Weiler**
22 Sirgenstein – **Achtal, Schelklingen**
   Brillenhöhle – **Blaubeuren**
23 Felsställe – **Ehingen-Mühlen**
24 Helga-Abri – **Bärental, Schelklingen**
25 Eiszeitpark Brudertal – **Engen**
26 Kesslerloch – **Thayingen**

Spätaltsteinzeit (Spätpaläolithikum)

27 Schmiechenfels/Hohler Fels – **Schelklingen-Schmiechen**

Mittelsteinzeit (Mesolithikum)

28 Hohlenstein – **Lonetal, Asselfingen**
29 Fohlenhaus – **Lonetal, Bernstadt**
30 Ofnethöhle – **Riesalb, Nördlingen**
31 Jägerhaushöhle – **Donautal, Fridingen**

Jungsteinzeit (Neolithikum)

32 Steinernes Haus – **Westerheim**
33 Bandfelsen – **Donautal, Leibertingen**
34 Sommerkirchhöhle – **Melchingen**
35 Bernlochhöhle – **Albstadt-Truchtelfingen**
36 Dreifaltigkeitsberg – **Spaichingen**
37 Felsdach – **Lauterach**
38 Steinzeitdorf – **Blaustein-Ehrenstein**
39 Lochenstein – **Hausen am Tann**
40 Lehenbühl – **Fridingen**
41 Goldberg – **Riesbürg**
42 Farrenberg – **Mössingen**
43 Steinmäuerle – **Willmandingen**

Bronzezeit

44 Lochersteingrotten – **Lichtenstein-Honau**
45 Grabhügelfeld – **Dürbheim-Risiberg**
46 Bussenbergle – **Upflamör**
47 Eremitage – **Donautal, Inzigkofen**

Urnenfelderzeit

48 Linsenäcker – **Melchingen**
49 Grabhügelgruppe – **Dottingen**
50 Schalksburg – **Albstadt-Laufen**
51 Rockenbusch – **Donautal, Buchheim**

Eisenzeit (Kelten)

52 Grabhügelgruppe – **Neuhausen ob Eck**
53 Grabhügelgruppe – **Asch**
54 Grabhügelgruppe – **Küpfendorf**
55 Grabhügelgruppe – **Wagengräber, St. Johann**
56 Keltenstadt Pyrene – **Heuneburg, Herbertingen-Hundersingen**
57 Fürstengrabhügel – **Heuneburg, Herbertingen-Hundersingen**
58 Alte Burg – **Langenenslingen**
59 Große Heuneburg – **Upflamör**
60 Höhensiedlung Limburg – **Weilheim/Teck**
61 Höhensiedlung Radberg – **Herbrechtingen**
62 Oppidum Riusiava – **Grabenstetten**
63 Viereckschanze – **Niederstotzingen**
64 Viereckschanzen – **Heiligkreuztal**

Römische Kaiserzeit

65 Iuliomagus – **Schleitheim**
66 Gutshof – **Tengen-Büßlingen**
67 Gutshof – **Meßkirch-Heudorf**
68 Kastell – **Mengen-Ennetach**
69 Alblimes – **Kastell Lautlingen**
70 Alblimes – **Kastell Burladingen**
71 Alblimes – **Kastelle Gomadingen u.Donnstetten**
72 Alblimes – **Kastelle Urspring u.Oberdorf**
73 Alblimes – **Kastelle Aalen u.Heidenheim**

Völkerwanderungszeit (Alamannen)

74 Gutshöfe – **Eigeltingen**
75 Höhensiedlung Achalm – **Reutlingen**
76 Runder Berg – **Urach**
77 Sängergrab – **Seitingen-Oberflacht**
78 Kapffelsen u. Ziegelkopf – **Schmeietal, Straßberg**
79 Peter- und Paulkirche – **Nusplingen**
80 Michaelskapelle – **Gammertingen**

Frühes Mittelalter

81 Kirchberg – **Undingen**

Hochmittelalter

82 Diepoldsburg – **Unterlenningen**
83 Johanneskirche – **Hohenaltheim, Riesalb**
84 Tailfinger Schloss – **Albstadt-Tailfingen**
85 Höhlenburg Scheuerlefels – **Donautal**
86 Kloster **Zwiefalten**
87 Schlossruine Hohenjustingen – **Justingen**
88 Stadtwüstung Fürstenberg – **Hüfingen**
89 Burg Katzenstein – **Dischingen**
90 Schlossberg Bollingen – **Dornstadt**

Spätmittelalter

91 Ruine und Stadt Hohenberg – **Schömberg-Schörzingen**
92 Ruine Schiltenburg – **Lautertal, Hayingen-Anhausen**
93 Felsenburg Lenzenberg – **Donautal, Gutenstein**
94 Kloster Christgarten – **Riesalb, Ederheim**

Neuzeit

95 Ruine Küssaburg – **Küssaberg**
96 Sattlerkapelle – **Tigerfeld**
97 Lautern und Burg Lauterstein – **Blaustein-Wippingen**
98 Schwedengrab – **Mühlheim/Donau**
99 Albschanzen – **Reutlinger Alb**
100 Wallfahrtskirche Maria Hilf – **Deggingen**
101 Wallfahrtskirche St. Peter und Paul – **Sigmaringen-Laiz**

Einführung

206 Millionen Jahre auf 260 Buchseiten. Das könnte eng werden. Und so muss beim Versuch einer Darstellung der Erd- und Kulturgeschichte der Schwäbischen Alb natürlich einiges auf der Strecke bleiben. Nicht jedoch die Meilensteine in der geologischen und menschlichen Entwicklung des von der UNESCO ausgezeichneten Europäischen Geoparks. Denn am Anfang der auf den nächsten Seiten folgenden Reise in die Vergangenheit stehen ganze Erdzeitabschnitte wie das Jurameer oder die von Dinosauriern geprägte Kreidezeit. Die dauerten zwar Millionen von Jahren an, ihre Spuren lassen sich aber heute nur an verhältnismäßig wenigen Plätzen in Augenschein nehmen.

Die Zeitsprünge der einzelnen Epochen werden in der jüngsten Epoche, der Erdneuzeit, die vor fast 2 Millionen Jahren begann und bis heute anhält, zusehends kürzer. Aber beispielsweise innerhalb der rund 300 000 Jahren, in denen der Neandertaler über die Alb wanderte, gibt es bislang nur einen einzigen Ort mit Funden seiner Knochen. Erst mit der Nacheiszeit, als der Mensch vor 7500 Jahren zum wichtigsten Faktor der Landschaftsveränderung wird, beginnen sich die Kulturen im Tausend-Jahr-Rhythmus zu wandeln. Um die Zeitenwende wird die Geschichte bereits im mehrhundertjährigen Takt von Kelten, Römern und Alamannen fortgeschrieben. Das Mittelalter hat noch seine unterscheidbaren Jahrhunderte, während die Neuzeit schon nach Jahrzehnten unterteilt werden muss. Heute ist man bereits von gestern, wenn man sich an einer technischen Innovation erfreut, die gerade mal ein Jahr alt ist.

Mit dem Ausflugsführer „101 Highlights der Geschichte der Schwäbischen Alb" geht es durch alle Epochen der Vergangenheit, sofern sie heute noch auf dem Gebiet unseres Mittelgebirges sicht-, greif- oder erlebbar sind. Geschichte im doppelten Sinn: die Entstehungsgeschichte der Alb und die von Menschen gelebte Geschichte.

Das beginnt mit den geologischen Highlights wie den einmaligen Fossilienaufkommen, den Meteoriten- und Vulkankratern, den Eiszeithöhlen und Höhensiedlungen. Die Erdwerke, die die Kelten, und die Mauerreste, die Römer und Ritter hinterlassen haben, untergegangene Städte und Stätten vergangener Kriege, Bauten und Denkmäler dokumentieren die Etappen unterschiedlichster Epochen. Auch dieses weitere Buch aus der beliebten Reihe „101 Highlights" führt zu Kultur-Höhepunkten der Landschaften im Südwesten. Und im Gegensatz zu den gängigen Wanderpublikationen stehen im vorliegenden Band erneut nicht die Touren mit ihren detailverliebten Wegbeschreibungen im Mittelpunkt, sondern das Ziel an sich.

Die Kapitel mit den geschichtlichen Höhepunkten der Schwäbischen Alb umfassen ihren ganzen Bereich, der sich auf einer Länge von rund 200 Kilometern vom bayerischen Nördlinger Ries bis zur Schweizer Grenze am Rhein hinzieht. Die Auswahl der einzelnen Plätze ist manchmal subjektiv (sie sollten ausflugstauglich sein), decken aber alle Zeitepochen ab, die sich auf der Alb obertägig erhalten haben. Das Buch wird durch die chronologische Anordnung mit Zeittafel zusätzlich zum Nachlagewerk:

Urzeit – Altsteinzeit – Mittelsteinzeit – Jungsteinzeit – Bronzezeit – Kelten – Römer – Frühmittelalter – Hochmittelalter – Spätmittelalter – Neuzeit

Foto: Lilli A. Werner

Der kompakte Ausflugsführer ergänzt und erweitert die beiden Vorgängerbände „101 Ausflugsziele Schwäbische Alb" und „101 Ausflugsziele zwischen Neckar und Donau".

Ein weiterer Nutzwert dieses handlichen Unterwegs-Buches liegt darin, dass es in der immer schnelllebiger werdenden Zeit unser geändertes Freizeitverhalten berücksichtigt. So richtet es sich in erster Linie an Ausflügler, die in einem eher kurzen Zeitraum jede Menge Besonderes erleben wollen und nicht unbedingt die Muße für eine mehrstündige Wanderung haben. Hier sind Singles, Senioren und Familien genauso berücksichtigt, wie Auto-, Motorrad- oder Radfahrer.

Der Tagestourist profitiert dabei von den sehr übersichtlichen, in der Regel auf einer Doppelseite präsentierten Ausflugszielen. Der Vorteil der 101 Ausflugsideen liegt auch darin, dass sie beliebig viele Kombinationsmöglichkeiten bieten – und damit dann auch wieder für Wanderer und all diejenigen mit mehr Zeit sehr interessant sind: je nach persönlichem Anfahrtsweg, eigenem Zeitrahmen, thematischen Vorlieben, Jahreszeit, Wetter und Tagesform.

Jürgen Meyer

juergen.meyer.belsen@t-online.de

Chronologie der Geschichte der Alb

ERDGESCHICHTE

1. Erdfrühzeit (Präkambrium)
Vor 4500 bis 534 Millionen Jahren

2. Erdaltzeit (Paläozoikum)
Vor 543 bis 248 Millionen Jahren

3. Erdmittelzeit (Mesozoikum)
Vor 248 bis 65 Millionen Jahren

4. Erdneuzeit (Känozoikum)
Vor 65 Millionen Jahren bis heute

4b. **Quartär (vor 1,8 Millionen Jahren bis heute)**
Pliozän (vor 5,3 bis 2,5 Millionen Jahren)
Pleistozän (vor 2,5 Millionen bis 11 700 Jahren)
Holozän (vor 11 700 Jahren bis heute)

URGESCHICHTE

URGESCHICHTE – Nacheiszeitalter

Bronze- und Urnenfelderzeit

Kelten

Römer und Alamannen

14. Römische Kaiserzeit
Von 15 bis 270 nach Christus

Mittelalter

Neuzeit

Urzeit

JURAMEER – URWELTMUSEUM HAUFF
Fantastische Meereswelten

Lage
Das Urweltmuseum Hauff liegt im Gewerbegebiet der Gemeinde Holzmaden (Landkreis Esslingen).

Erreichbarkeit
Autobahn 8, Anschlussstelle Aichelberg direkt nach Holzmaden zum ausgeschilderten 1000 Quadratmeter großen Urweltmuseum (mit großem Shop). Das Museum hat täglich außer montags von 9 bis 17 Uhr geöffnet. In der Außenanlage gibt es täuschend echte Dinosaurier zu bestaunen.
www.urweltmuseum.de

Vor 210 Millionen Jahren drangen Ozeane bis nach Süddeutschland vor. Der fränkisch-schwäbische Raum bildete das Becken für das Jurameer, abgeleitet vom Begriff Jura (keltisch: Waldgebirge). Er beschreibt den Mittelgebirgszug von Lyon über Basel, Ulm bis Bamberg. Rund 65 Millionen Jahre lang wogte hier ein zunächst warmes, dann kühler werdendes, zuletzt tropisches Meer. Es war die große

Zeit der Dinosaurier zu Land, Luft und Wasser. Durch die Meeresablagerungen wurde die Alb aufgebaut. Die jüngsten Schichten sind der (weiße) Oberjura (160 bis 140 Mio. Jahre), darunter liegt der (braune) Mitteljura (184 bis 160 Mio. Jahre), zuunterst der sehr fossilienreiche (schwarze) Unterjura (210 bis 189 Mio. Jahre). Tote Tiere wie Saurier, Fische, Ammoniten und Belemniten sanken auf den sauerstofflosen Meeresgrund, wo sie sich als Versteinerungen erhalten haben. Die ästhetisch schönsten Fossilien des schwarzen Jura sind die Seelilien. Die weltweit größte Kolonie mit über 100 Quadratmetern ist mit Hunderten anderen spektakulären Präparaten im weltberühmten Urweltmuseum ausgestellt. Holzmaden lag damals im offenen Meer;

die Flug-, Fischsaurier- und Krokodilfunde spiegeln also nur das Leben mitten im Meer wider. Das vom Präparator Prof. Bernhard Hauff 1936 gegründete Museum beherbergt die schönsten Funde, die in den letzten 100 Jahren in den umliegenden Schieferbrüchen geborgen wurden.

Relativ dünner ist die Braunjuraschicht. Das Meer war mit maximal 18 Grad zu kalt für Korallen; zahllose Muschelarten und Ammoniten fühlten sich hier wohl. Schließlich bescherte der Oberjura der heutigen Alb ein karibisches Meer mit Palmfarnen und Ginkobäumen. Die Schichten des Albtraufs sind aus unzähligen Gehäuseresten von Schwämmen, Algen und Korallen aufgebaut.

Tipp

Auch im Bereich der Westalb gibt es eine beeindruckende Sammlung mit schön präparierten Versteinerungen: Das modern inszenierte Fossilienmuseum im Werkforum der Firma Holcim (Zementwerk) in Dotternhausen, (Zollernalbkreis), gibt faszinierende Einblicke in das Meeresleben vor 180 Millionen Jahren. Funde aus dem Ölschiefer des Lias epsilon zeigen Ammoniten, Seelilien, Krokodile und Ichthyosaurier und vieles mehr.

Öffnungszeiten: Di./Mi./Do. 13 bis 17 Uhr, an Sonn- und Feiertagen von 11 bis 17 Uhr.

www.holcim-sued.de

JURAMEER – KLOPFPLÄTZE
Die Urzeit in Händen halten

Lage
Im Bereich des Traufgebiets der Schwäbischen Alb gibt es acht Fossilienfund-
stellen, wo Besucher selbst im Schiefer Steine klopfen dürfen.

Erreichbarkeit
Nusplinger Plattenkalk (Zollernalbkreis). www.nusplingen.de
Schiefererlebnispark Dormettingen (Zollernalb). www.schiefererlebnis.de
und Werkforum Holcim, Dormettingen. www.holcim-sued.de
Urwelt-Steinbruch Fischer, Holzmaden (Kreis Esslingen). www.urweltsteinbruch.de
Schieferbruch Kromer, Ohmden (Esslingen). www.schieferbruch-kromer.de
Jurafangowerk Bad Boll (Kreis Göppingen). www.erlebnisgeologie.de
Steinheimer Schneckensand (Kreis Heidenheim). www.steinheim-am-albuch.de

Es dürfte wohl kein bedeutendes Naturkundemuseum auf der Welt geben, indem es nicht irgendein Fossil aus dem 180 Millionen alten Jurameer zu bestaunen gibt. Der Posidonienschiefer, benannt nach einer massenhaft auftretenden Muschelart (Posidonia), wurde früher in vielen Steinbrüchen abgebaut, um unter anderem an den Tafelfleins zu gelangen, der für die Herstellung von Tischen oder Kaminen benötigt wurde. Die fossilienführenden Schichten darüber wurden als Abraum entfernt und als Fundstätten genutzt. Mittlerweile ist die Nachfrage nach schwarzen Ölschieferplatten eingebrochen, Gruben werden verfüllt. Bedeutende Funde kommen noch in den Aushüben an den vielen Baustellen am Albaufstieg zutage (Achtung! Bauleiter um Erlaubnis fragen).

Auf dem über einen geologischen Pfad erschlossenen Westerberg bei Nusplingen liegt in einer versteinerten Lagune die bedeutendste Fossilienlagerstätte Deutschlands. Ein ausgewiesener Bereich des ehemals subtropischen Meeres ist

für Hobbysucher frei zugänglich. Der Schiefererlebnispark Dormettingen ist ein riesiger Abenteuerpark mit See; ein Präparator hilft bei der Freilegung von Funden an der Klopfstelle. Bei der benachbarten Geopark-Infostelle der Firma Holcim (Museum mit 1000 Exponaten) liegt ein weiterer Ölschiefer-Klopfplatz.

Der stillgelegte Urweltsteinbruch Fischer e. V. (gegenüber dem Holzmadener Hauff-Museum) verfügt neben seinem großen Posidonienschiefer-Aufschluss über ein eigenes Museum mit höchst seltenen Funden. Im nahen Besucher-Steinbruch Ralf Kromer, nahe Ohmen, kann man ganzjährig (im Winterhalbjahr auf Nachfrage) selbst nach Fossilien graben. Da hier noch Schiefer gebrochen wird, kommt ständig neuer Abraum zusammen, der hervorragende Fundmöglichkeiten bietet. Klopfwerkzeuge werden vermietet, wie auch im Jurafangowerk Bad Boll. Dort wird Schiefer zu Pulver zermahlen. Im Abraumgelände lassen sich (jeden ersten Freitag im Sommerhalbjahr) schöne glänzende Ammoniten bergen.

Im Meteoritenkratersee bei Steinheim gibt es zwei Sandgruben (Steinhirt und Lettenhülbe) am südlichen Ortsrand, die mit fossilen Schneckengehäusen durchmischt sind. Hier darf jederzeit gesammelt werden.

Tipp

Die Region um Holzmaden ist Fossilienschutzgebiet. Funde von „wissenschaftlicher Bedeutung" müssen nach ihrer Entdeckung dem Steinbruch- oder Baustellenleiter gemeldet werden. In der Regel kommt es aber selten zu solchen bedeutenden Entdeckungen.
www.steinkern.de

DOLOMITENFELSEN WENTAL
Bizarres Felsenmeer

Lage
Das trocken liegende, rund 12 Kilometer lange Wental mit Seitentälern zieht sich zwischen den Gemeinden Bartholomä (Ostalbkreis) und Steinheim am Albuch (Kreis Heidenheim).

Erreichbarkeit
Die beide Orte verbindende Landesstraße 1165 quert das Wental in der Mitte. Hier liegt beim Landhotel Wental (www.wental.de) ein großer Wanderparkplatz, gleich neben dem Felsenmeer. Weitere Einstiegspunkte ins Wental gibt es am Parkplatz Hirschtal (westlich Steinheim, Richtung Söhnstetten) und beim Dorfhaus mitten in Bartholomä (ins Tal hin und zurück: 17 Kilometer). www.albuch.de

Vor 144 Millionen Jahren hatte sich das Jurameer zurückgezogen, das zuvor über 60 Millionen Jahre lang fast ganz Mitteleuropa bedeckt hatte. Zurück blieben die Gesteinsschichten des Weißjura, die als Abtragungen von Geröll durch Flüsse in das Meer gespült worden waren und schließlich das Alb-Gebirge

aufbauten. Der heute trocken liegende Fluss Wend hat rund 8 Millionen Jahre lang Schwerstarbeit geleistet, um aus den Ablagerungen des Jurameeres wieder ein ganz besonderes Meer herauszumodellieren: das Felsenmeer. Eine einzigartige kuriose Sehenswürdigkeit mit bizarren, frei stehenden Felsgebilden aus Dolomitgestein. Spitzbubenstadel, Sphinx, Elefant, Bischofsmütze, Nilpferd, Seelöwe, Wentalweible oder Hirschfelsen – wer den Wanderweg auch im nicht minder spektakulären unteren Wental durch die Stein gewordenen Schwammriffe geht, wird rasch verstehen, warum die Gebilde so eigentümliche Namen bekommen haben. Zusammen mit seinen Seitentälern Gnannen- und Hirschtal und der Rodungsinsel Klösterle (Kloster von 1126, noch Mauer- und Brunnenreste) hat das Naturschutzgebiet eine Fläche von rund 290 Hektar.

Das für Radler und Wanderer gleichermaßen durch geschotterte Wege erschlossene Wental führt durch schöne Wacholderheiden, wird von einem botanischen Waldlehrpfad begleitet und bietet aber auch Raum für profanes Freizeitvergnügen wie Picknicken. Wer aber lieber einkehren möchte, wählt die Wentalgaststätte direkt beim Felsenmeer.

Tipp

Das kleinste Naturschutzgebiet Deutschlands ist 21 Ar groß und liegt bei Sontheim-Gnannenweiler. Es ist die Hülbe am Märtelesberg; 1967 eingerichtet, ist diese mit Lehm plombierte Doline auch das älteste Schutzgebiet des Kreises Heidenheim. In diesem Tümpel finden sich eine für ein Karstgebiet untypische Flora, nämlich Torfmoos, Wasserschlauch und verschiedene Seggenarten. Anfahrt: Von Steinheim nach Gnannenweiler, westlicher Ortsausgang Richtung Böhmenkirch. Nach 1500 m in einer Lichtung rechts (nördlich), 500 m zur Hülbe am Waldrand.

HELDENFINGER KLIFF
Steilküste eines Urmeeres

Lage
Der Abschnitt einer Brandungsküste des Urmeeres hat sich am östlichen Ortsrand von Heldenfingen erhalten.

Erreichbarkeit
Heldenfingen ist ein kleiner Ortsteil der Gemeinde Gerstetten im Kreis Heidenheim und liegt rund 20 Kilometer südwestlich der Kreisstadt. Wenige Parkplätze gibt es direkt vor dem Riff (mit Infotafeln, einem Mehrgenerationenspielplatz und einem 23 Stationen umfassenden geologischen Lehrpfad); weitere Parkmöglichkeiten im Ortskern (Riffhalle).

Die Alb war bereits vor 20 Millionen Jahren eine traumhafte Ferienregion – wenn es damals Menschen gegeben hätte: Die Wellen eines subtropischen bunt bevölkerten Urmeeres plätscherten gegen eine Felsküste, die sich in Längsrichtung mitten durch die heutige Albhochfläche zog.

Dieser sogenannte Voralpentrog erstreckte sich als Senke, die sich wegen der sich auftürmenden Nordalpenseite auf eine Länge von 1000 Kilometern gebildet hatte; vom Westende des Genfer Sees, wo das Becken ungefähr 20 Kilometer breit war, bis ins bayerische Alpenvorland, wo die größte Breite mit 130 Kilometern erreicht wurde. Es bildete sich eine später durch Abtragungen (Molasse) verlandete Meeresverbindung zwischen Nordsee und dem heutigen Mittelmeer. Das Wasser schwappte zwischen Blumberg und Donauwörth gegen die Küstenlinie, die man auch Kliff nennt. Sie bildet heute die Grenze zwischen der hügeligen Kuppenalb im Norden und der vom Meer abgetragenen Flächenalb zur Donau hin. Einzig in Heldenfingen hat sich das Riff so gut erhalten, dass man das Gefühl hat, die Flut müsse jeden Augenblick wieder kommen. An einer überschaubaren Hangfläche hat der stetige Wellengang eine Kehle in den Jurafelsen geformt. Die Hohlkehle ist mit Bohrmuscheln und Bohrschwämmen bedeckt. Diese Tiere lebten damals im Spritzwasserbereich – womit dieses Stück versteinerte Meeresbrandung als am besten erhaltener fossiler Strand Europas gilt.

Tipp

Abtauchen, ohne nass zu werden: Das Riffmuseum in Gerstetten führt in eine fossile Landschaft des 150 Millionen Jahre alten Jurameeres – mit Korallen, Schwämmen, Seeigeln und Muscheln. Der Spaziergang in die Erdgeschichte gelingt ganz ohne Taucherbrille. Die in der Museumswelt einzigartige Schau im alten Bahnhofsgebäude gibt Einblicke in die reichhaltige Fauna der Urzeit. Das Gerstetter Riff war ein Komplex aus einigen Stotzen, in der Größe von ein paar Quadratmetern bis hin zur Fläche eines Fußballfeldes. Über 150 verschiedene Korallenarten, die an der Felsküste der schwäbischen Karibik beheimatet waren, ließen sich bisher allein in Gerstetten nachweisen.

Das Museum ist sonntags/feiertags von 10 bis 17 Uhr geöffnet (März bis Oktober). Telefon 0 73 23/84-0. www.gerstetten.de

VULKANSCHLOT AICHELBERG
Dreidimensionaler Blick in den Vulkan

Lage

Der Albaufstieg der Autobahn 8 beginnt am Aichelberg (Landkreis Göppingen). Die gleichnamige Gemeinde liegt am Hang eines ehemaligen Zwilling-Vulkanschlots, der vom Aichelberg (564 m) und Turmberg (609 m) gebildet wird.

Erreichbarkeit

Unmittelbar bei der Anschlussstelle der A 8 führt die Steigstraße in den Ort Aichelberg hinauf. In der zweiten Kehre folgt man dem Hinweisschild „Höhenrestaurant Waldeck" nach rechts zum Wanderparkplatz. Der Waldweg führt mit leichter Steigung hoch zum Turmberg (Burgruine) und von dort als Wanderweg wieder abwärts über den Aichelberg (auch Burgruine). Alternativ: Direkt an der Gaststätte führt ein kurzer, aber steiler Wanderweg hoch zum westlichen Steinbruch unter dem Gipfel. Der nördliche liegt am zweiten Abstiegsweg hinab ins Dorf.

Es war ein riesiger Vulkan, dieser „Schwäbische Vulkan", der vor 17 bis 11 Millionen Jahren in der Region um Urach und Kirchheim/Teck in sich hinein- und manchmal herausbrodelte; er hatte einen Querschnitt von rund 56 Kilometern. So umfangreich war das 1300 Grad heiße Magma-Reservoir, also die Masse aus geschmolzenem Gestein, die sich unter der Erdkruste angesammelt hatte und nach oben drängte. Die Lava suchte sich aber nicht nur ein einziges Ventil, um kurzzeitig Druck abzubauen, sondern den Weg durch mindestens 360 Schlote: Diese Durchschussröhren variierten zwischen wenigen Zentimetern und rund 1500 Metern Durchmesser. Etwa 200 Schlote sind heute noch in der Landschaft erkennbar. Bei den Vulkanexplosionen wurde meist nur das oberste Gestein der Pfropfen hinausgeworfen, das danach in den Krater zurückfiel und im Schacht stecken blieb. Dort verfestigte sich dieses Trümmermaterial (Basalttuff) wie ein Korken. Da aus den Vulkanschloten kaum Asche und Lava gefördert wurde, spricht man von „Vulkanembryos".

Zwei der markantesten bilden die Zwillingsschlote Aichelberg und

Turmberg. Drei Steinbrüche unterhalb des 400 Meter breiten Aichelberg-Gipfels ermöglichen dreidimensionale Blicke in den Vulkanschlot. Eine fast 200 Meter große Weißjurascholle war nach einer Explosion im Schlot abgesackt. Heute liegt dieser am Nordosthang offen, und die Sinkscholle etwa 250 Meter unter dem damaligen Kraterrand. Man kann hier nach Vulkangesteinen graben, aber auch Fossilien finden. Die Entstehung des Vulkans wird auf Infotafeln erläutert, typische Mineralien wie Melilith und Oliven lassen sich mit der Lupe entdecken.

Tipp

Vom Aichelberg hat man drei weitere Vulkanschlote im Blick: den Turmberg, die kegelförmige Limburg und den halb geöffneten Krater des Randecker Maars am Albrand. Kaum bekannt ist, dass auf dem Gipfel die ab 1150 errichtete Stammburg einer der bedeutenden schwäbischen Hochadelsfamilien stand; eine Vorburg war auf dem Turmberg. Die Grafen von Aichelberg, Gründer der Städte Wendlingen und Weilheim, beherrschten ein Territorium, das von der unteren Fils bis an den Neckar reichte. 1525 wurde die Burg im Bauernkrieg zerstört.

RANDECKER MAAR
Größter Vulkankrater der Alb

Lage

Der Vulkankrater liegt direkt am Albtrauf östlich von Bissingen-Ochsenwang (Landkreis Esslingen).

Erreichbarkeit

Der einst mit einem See gefüllte Vulkanschlot – das Randecker Maar – wird von der Landesstraße 1212 zwischen Schopfloch und Hepsisau durchquert und von der L 1250 zwischen Schopfloch und Ochsenwang gestreift. Zahlreiche Parkmöglichkeiten sind ausgeschildert. Ein Wanderweg führt am Kraterrand entlang (Infotafeln) und durch die Zipfelbachschlucht. Mehr Infos im Naturschutzzentrum Schopfloch (www.naturschutz.landbw.de). Fundausstellungen: www.geopark-alb.de/museen

Mit einem Durchmesser von 1,2 Kilometern ist das Randecker Maar der größte der über 360 Schlote des Schwäbischen Vulkan (siehe vorheriges Kapitel) – und eines der bedeutendsten Geotope in Deutschland. Als die vulkanische Tätigkeit vor etwa 16 Millionen Jahren aufhörte, entstand in dem 150 Meter tiefen Krater ein See (Maar). In den

mächtigen Ablagerungen dieses wegen des warmen Klimas ausgetrockneten Sees findet man perfekt erhaltene Fossilien einer subtropischen Flora und Fauna; vor allem Insekten, wie Termiten, Libellen, Schmetterlinge, aber auch Überreste von Giraffen, Elefanten und Waldpferden.

In der Amphitheater-ähnlichen Senke direkt am Albtrauf entspringen zahlreiche kleine Bäche, die sich in der wildromantischen Schlucht des Zipfelbachs ihren Weg durch den nordöstlichen Kraterdurchbruch suchen. Der entstand bei der Zurückverlagerung der Alb, die einst bis in den Stuttgarter Raum reichte. Der Grund des Kessels dürfte rund 50 Meter unter-

halb des heutigen Niveaus liegen. Seit Jahrzehnten sind Forscher damit beschäftigt, die Geschichte des Sees zu rekonstruieren.

Maarseen gibt es heute noch in der Eifel, wo eine ganze Reihe wassergefüllter Kraterstrukturen erhalten blieb. Das Randecker Maar wurde erst Mitte des 19. Jahrhunderts entdeckt, als man bei der Suche nach Rohstoffen auf fossile Blätterkohle stieß, (deren Abbau aber unrentabel war). Die Gruben dieses Bergbauversuchs liegen am Wanderweg von der Schlucht zum Hof Randeck im Wald.

Seither graben hier Paläontologen und fördern faszinierende Versteinerungen vom Kleinstlebewesen bis zu Großsäugern zutage. Sie sind in verschiedenen Museen zu sehen: Holzmaden, Stuttgart (Naturkunde-museum), Tübingen (Geologisches Institut), außerdem in Kirchheim und GP-Jebenhausen.

Tipp

Der Aussichtsfelsen Breitenstein, nordwestlich der Gemeinde Ochsenwang, (die ebenfalls auf einem Vulkanschlot liegt), ist aus dem Riff eines urzeitlichen Meeres gebildet. Von dem Schwamm-riffkalkfelsen hat man einen hervorragenden Blick auf weitere Vulkanschlote: Den Dachsbühl bei Nabern und den benachbarten Egelsberg bei Weilheim. Die im Osten sichtbaren kegelförmigen Berge des Hohenstaufen und des Rechbergs hingegen sind Zeugenberge, nicht abgetragene Reste der Albhochfläche. Sie „bezeugen", dass die Alb viel weiter nach Norden gereicht hat.

BOHNERZGRUBEN SALMENDINGEN
Die Wiege der Alb-Menschen

Lage
Bergkuppen rund um den Burladinger Stadtteil Salmendingen (Zollernalbkreis).

Erreichbarkeit
Die fossile Fundstätte liegt in einem historischen Erzabbaugebiet südlich von Salmendingen (Aufberg und Burghalde, 850 m). Die Bergkuppe liegt auf halben Weg zwischen Melchingen und Ringingen. Eine für den Verkehr gesperrte Straße führt als Waldweg direkt durch das Abbaugebiet. Parkmöglichkeiten beim Sportplatz Melchingen. Von dort den Weg circa 1,5 Kilometer aufwärts in den Wald. An der höchsten Stelle ist eine Wegkreuzung: Nach rechts (Norden) gelangt man nach wenigen Metern zur Informationstafel an einer gut 570 Meter langen Erzabbauader. Nach links kommt man zu den 750 m langen mäandrierenden Gräben und Trichtergruben, die am Berghang entlang laufen. Weiter große Erzabbaugräber nordwestlich von Salmendingen, direkt hinter der Sportanlagen auf dem Monkberg.

Etwas trostlos aber dennoch reizvoll zeigt sich heute die Heufeldfläche um den Salmendinger Kapellenberg. Vor etwa 16 Millionen Jahren sah die Gegend völlig anders aus. Die heutigen Bergkuppen markierten die damalige Landoberfläche mit 850 Höhenmetern. Die Alb reichte sieben Kilometer weiter nach Norden. Irgendwo dort entsprang die Ur-Lauchert. Ihren karstigen Untergrund entwässerten, ähnlich einer Kanalisation, weit verzweigte Höhlensysteme zur Donau hin. Die mäandernden Höhlenflussläufe liegen heute frei auf den Höhen der Salmendinger Berge – von den Erzsuchern des 19. Jahrhunderts geköpft wie ein Frühstücksei. Denn in den Höhlen lagerten sich durch Verwitterungsprozesse Erzschichten ab. Beim Abbau stießen die Arbeiter immer wieder auf Überreste von Lebewesen, die vor Urzeiten in diese Kanalisation gespült und nicht zersetzt worden sind: Beispielsweise Zähne und Knochen von fremdartigen Großsäugern wie den pferdeähnlichen Chalicotherien. Weltberühmt geworden sind aber die einzigartigen Zahnfunde einer Spezies, die als gemeinsamer Vorfahre von Affe und Menschenaffe gilt: Die Rede ist vom Dryopithecus (altgriechisch: „Affe aus dem Eichenwald"). Diese ausgestorbene Primatenart, von der auch an anderen Orten Zahn- und wenige Knochenreste gefunden wurden, gibt noch viele Rätsel auf, dabei existierte sie einige Millionen Jahre lang. Die kontrovers diskutierte Frage ist: Hat die Entwicklung zum Menschen ausschließlich in Afrika begonnen oder konnte sie nicht genauso gut auf der Alb erfolgt sein?

Hier fand dieser Altweltaffe eine üppige Vegetation vor: Palmen, Feigen- und Zimtbäume. Das bis zu 45 Kilogramm schwere Wesen war Waldbewohner, lebte auf Bäumen und nahm weiche Nahrung zu sich. Er hatte gorillaähnliche Oberarme. Es existieren europaweit nur einige Knochenfragmente. Geradezu gehäuft kommen jedoch auf der Zol-

lernalb fossile Zahnfunde vor, die Bohnerzgräber auf dem Aufberg, aber auch in Melchingen und Ebingen machten. So bei der Heidensteinhöhle (1817), wo noch Überreste des Steppenpferdes Hipparion und eines elefantenähnlichen Mastodon zum Vorschein kamen.

Tipp

Die Heidensteinhöhle, 1,4 Kilometer nördlich der Ebinger Altstadt unweit des Aussichtspunkts „Schnecklesfels", erreicht man über das gut ausgeschilderte Wanderwegnetz „Traufgang". Ausgangspunkt ist der Wanderpark „Kälberwiese", der auf der Anhöhe nordwestlich der Altstadt liegt. www.albstadt.de

STEINHEIMER BECKEN
Bombastischer Meteoriteneinschlag

Lage

Die Gemeinde Steinheim am Albuch liegt mitten im rund 3,5 Kilometer breiten Meteoriteneinschlagskrater, die Gemeinde Sontheim am südlichen Rand; wenige Kilometer westlich von der Kreisstadt Heidenheim.

Erreichbarkeit

Fünf Informationsstellen sind rings um den Kraterrand verteilt. Als erste Anlaufstation empfiehlt sich der Informationspunkt an der südlichen Kraterpforte am Sontheimer Wirtshäusle, wo sich die Straßen von Heidenheim/Böhmenkirch und Gerstetten kreuzen. Auf der dortigen Burgruine liegt einer der eindrucksvollsten Aussichtspunkte. Das Meteorkrater-Museum mit Geo-Park-Infostelle liegt in der Ortsmitte.

Als sich vor 14,5 Millionen Jahren das subtropische Meer von der Alb zurückgezogen hatte, entstand eine von Wäldern überzogene Landschaft, die von Großwildtieren beherrscht wurde. Unvermittelt ereignete sich eine kosmische Katastrophe: Teile eines Asteroiden rasen mit einer Geschwindigkeit von 72 000 Stundenkilometer auf Süddeutschland zu. Der größere Brocken, ein Kilometer breit, schlägt im Nördlinger Ries (siehe nächstes Kapitel) ein.

Der Zweite, eine Kugel von 150 Meter Durchmesser, geht im heutigen Steinheim zu Boden. Die Wucht des Aufschlags entfacht die Kraft von über 12 000 Hiroshima-Atombomben. Der Meteorit dringt mehrere Hundert Meter tief ins Erdreich ein und drückt das Gestein stark zusammen; ein 3500 Meter breiter Krater wird ausgesprengt. Die Mitte des Wallkraters federt zurück und bildet den Zentralhügel (siehe übernächstes Kapitel). Der Himmel wird tagelang von einer Staubschicht verdunkelt. Schlammregen wirbelt das Klima für lange Zeit durcheinander.

Die Natur erholt sich aber. Der Krater füllt sich mit Wasser und Leben. Über 230 urzeitliche Tierarten sind als fossile Überreste erhalten. Eine Million Jahre lang existiert der See, mit dem Hügel als mittige Insel. Durch die Hebung der Alb kommt es zur Verlandung des Kraters. Es dauert weitere zwölf Millionen Jahre, ehe die heute trocken liegenden Wen(d)- und Stubental-Flüsse den Krater durchbrechen können, die Ablagerungen ausspülen und über die Brenz zur Donau abtransportieren.

Diese einzigartige Landschaft mit 58 (!) Naturdenkmälern ist über einen Rundwanderweg erschlossen (teils steile Auf- und Abstiege). Der 20 Kilometer lange Pfad (meist im Gelände) mit 28 Stationen (Geologie, Flora, Fauna, Natur) bietet fünf Themenabschnitte: Geologiepfad, interaktiven Wental-, Waldsinn- und Heidelehrpfad.

TIPP

Das Meteorkratermuseum zeigt, wie der Krater entstanden ist, stellt die exotische Organismenvielfalt vor und simuliert modellhaft das Einschlagsgeschehen. Fossilien gib es zum Anfassen. Das Museum ist von November bis Ende Februar geschlossen, aber nach Vereinbarung geöffnet. Öffnungszeiten Freitag bis Sonntag und feiertags: 13 bis 17 Uhr, Telefon 07329/9606-58.
www.steinheim-am-albuch.de
www.steinheimer-becken.de

NÖRDLINGER RIES
Mega-Katastrophe

Lage
Der kreisrunde, etwa 24 Kilometer breite und bis zu 150 Meter tiefe Meteoriteneinschlagskrater trennt die Schwäbische von der Fränkischen Alb. Die Stadt Bopfingen (Ostalbkreis) liegt am südwestlichen Kraterrand, das namensgebende bayerische Nördlingen nahe dem Einschlagszentrum.

Erreichbarkeit
Aussichtspunkte liegen bei Bopfingen: ein alter Steinbruch südlich vom Schlossberg, außerdem der Berg Ipf. In der Nachbargemeinde Kirchheim ist es der Blasienberg. Am südlichen Kraterrand gibt es in Mönchsdeggingen eine Plattform auf dem Buchberg.
Geoparks gibt es in den Städten Oettingen, Nördlingen und Treuchtlingen. Lehrpfade zu eindrucksvollen Geotopen finden sich in Wörnitzstein (Kalvarienberg), Mönchsdeggingen (Megablockzone), Maihingen (Klosterberg), Großsorheim (Glaubenberg), Gosheim (Kalvarienberg), Holheim (Kalksteinbruch).
www.geopark-ries.de

Der größere der beiden Meteoriten, die vor 14,5 Millionen Jahren auf Süddeutschland zurasten (siehe vorherige Seite), hatte einen Durchmesser von 1500 Metern. Beim Aufschlag wurde die Energie von 100 000 Atombomben freigesetzt. In bis zu 1200 Meter Tiefe wurde das Grundgestein zertrümmert und gepresst.
Rund 150 Kubikkilometer Gestein wurden herausgeschleudert; autogroße Brocken flogen bis zu 70 Kilometer weit. Einer davon steckt an der Bundesstraße 312 rund 3 Kilometer vor Pfronstetten (Kreis Reutlingen), 200 m südöstlich der Abzweigung nach Wilsingen, am Waldrand.
Noch über Oberschwaben ging ein buntes Gemisch von Auswurfmaterial als Trümmerregen mit fremdem Oberjura-Gestein nieder. Ein Fundstreifen zieht sich durch den Tobel, südlich von Wettenberg (südlich von Biberach). Im 180-Kilometer-Radius vom heutigen Nördlingen wurde jegliches Leben schlagartig ausgelöscht. Glasähnliche Partikel (Moldavite), geschmolzen durch die Hitze, flogen 450 Kilometer weit bis nach Böhmen.
Im Laufe der Zeit füllte sich der Krater mit einem 400 Quadratki-

lometer großen, artenarmen Salzsee an. Nach zwei Millionen Jahren verlandete das Gewässer, das einen so hohen Salzgehalt angereichert hatte, der den der gesamten heutigen Weltmeere übertraf. Durch die ungeheuren Aufpralltemperaturen entstand durch Schmelzen von Kristallen ein völlig neues Gestein, der Suevit. Es hat den Krater mehrere Hundert Meter aufgefüllt.

Die geologischen Bedingungen des Kraters sind so außergewöhnlich, dass die NASA-Astronauten der Apollo-Mission 14 im August 1970 vor ihrem Mondflug hier eine Trainingswoche absolvierten. Der Landschaftsname Ries erinnert an die hier beginnende römische Provinz Rätien (Raetia).

Tipp

In Nördlingen ist dem Meteoriteneinschlag eine naturwissenschaftliche Dauer-Ausstellung gewidmet: Das Rieskrater-Museum, nebst Infostelle des Geo-Parks Ries, beleuchtet diese und andere geologische Katastrophen mit vielen Exponaten. Darunter Mondgestein von der Apollo-16-Mission. Noch immer wird im Krater geforscht; die Ergebnisse fließen ständig in die Ausstellung ein.

Öffnungszeiten: Täglich, außer montags und an Feiertagen, 10 bis 12 Uhr und 13.30 bis 16.30 Uhr (aber Oster- und Pfingstmontag geöffnet).
Telefon 09081/8 47 10
www.rieskrater-museum.de

WÄLDLESFELS STEINHEIM
56 Tonnen Gold im Kratersee

Lage
Der Klosterberg (569 m) bildet den Zentralhügel inmitten des Steinheimer Beckens, er liegt am Südrand der Gemeinde Steinheim am Albuch (Landkreis Heidenheim).

Erreichbarkeit
Der Hügel Steinhirt mit dem Wäldlesfels auf der Westseite des 800 Meter breiten und vierzig Meter hohen Klosterberges ist in wenigen Gehminuten von der Ortsmitte aus erreichbar. Zum Heimatmuseum im Klosterhof gelangt man von der Hauptstraße über die Ostheimer- und Klosterstraße.

Der von Wiesen geprägte Klosterberg ist der zentrale Hügel in der Mitte eines Kraters, der beim Einschlag eines Meteoriten vor 14,5 Millionen Jahren entstanden war (siehe vorige Kapitel). Beim Aufprall wurden die Gesteinsschollen aus einer Tiefe von bis zu 380 Meter an die Oberfläche hochgefedert und bildeten daraufhin eine von Wasser umspülte Insel. Die wurde von einem Kranz von Algenkalkfelsen umgeben. Steinhirt heißt der aus dem harten Aragonit gebildete Hügel. Der acht Meter hohe, mit Bohrmuschellöchern durchsetzte Wäldlesfels ist der traurige Rest dieses Riffes, das 1860 der Schottergewinnung für den Brenztal-Eisenbahnbau zum Opfer fiel.
Der See wurde für eine Million Jahre zur einzigen Wasseroase in einer von Savannen geprägten Region. Eine besondere Flora (90 Arten) und Fauna (230 Arten) entwickelte sich. Krokodile, Otter, Schildkröten, aber nur zwei Fischarten (Schleie und Barben) bevölkerten das Gewässer, dafür gab es über hundert Schneckentypen. Man findet heute ihre und andere Fossilien zuhauf und ausschließlich rund um den Hügel in Sandgruben, wahrscheinlich damals tödliche Treibsand-Fallen. Nachgewiesen sind auch Flamingos und Papageien, Säbelzahntiger, Mastodon und viele ausgestorbene Urtiere.
Den Stuttgarter Wissenschaftlern Dr. Elmar Buchner und Dr. Martin Schmieder gelang jetzt der Nachweis seltener Elemente in den Gesteinen des Kratersees. „Bei der vermuteten Größe des Eisenmete-

oriten von 150 Metern und einem Gewicht von 14 Millionen Tonnen, brachte der Asteroid neben Eisen, Nickel und Kobalt auch etwa 56 Tonnen Gold mit zur Erde, von denen heute noch einige Tonnen feinst verteilt im Gestein enthalten sein dürften." Goldsucher werden aber enttäuscht sein: „Die Partikel sind mikroskopisch klein und sie liegen im Naturschutzgebiet. Gold waschen ist nicht nur sinnlos, sondern auch verboten."

Tipp

Um 1130 siedelte sich ein Augustiner-Chorherrenstift auf dem Hügel an. Vom im Dreißigjährigen Krieg beschädigten Kloster blieb die Meierei erhalten. Neben Privathäusern bildet heute das Museum des Heimatvereins den Mittelpunkt des Areals. In dem Gebäude ist eine Schmiede (1530) zu besichtigen, ebenso der Klosterbackofen; außerdem archäologische Funde. Exotisch ist das Vermächtnis des Einsiedlers Sofonias Theuß. Der Steinheimer weilte während des Boxeraufstandes (1900) in China und sammelte dort Kunstgegenstände.

Öffnungszeiten: April bis Oktober, jeweils am ersten Sonntag, von 14 bis 17 Uhr. Weitere Termine sind jederzeit nach Absprache möglich. Telefon 0 73 29/96 06 58 oder 0 73 29/52 14

KALKTUFFBARRE SEEBURG
Das Dorf im Bodenlosen See

Lage
Der Bad Uracher Teilort Seeburg liegt Richtung Münsingen am Beginn des Ermstals (Landkreis Reutlingen).

Erreichbarkeit
Auf halbem Weg auf der Bundesstraße 465 zwischen Bad Urach und Münsingen. Parkmöglichkeiten am Wanderparkplatz gegenüber dem Rathaus/Abzweigung nach Hengen. www.bad-urach.de

Steter Tropfen höhlt den Stein. Vor 10 100 Jahren begann sich am Zusammenfluss der Erms und des Fischbachs, dort, wo heute Seeburg liegt, ein Damm zu bilden. Das aus dem Jurakalkgestein der Alb quellende Wasser (Ablagerungen von Korallen) führt große Mengen von gelöstem Karbonatgestein mit

sich. Das Karstwasser fließt über Moosteppiche, die dem Gewässer Kohlenstoff entziehen, wodurch der ph-Wert des Wassers steigt, was dazu führt, dass der Kalk „ausfällt". Diese Sedimente festigen sich, wachsen bis zu 20 mm im Jahr und härten zu Kalktuff aus.

In Seeburg entstand eine natürliche Kalktuffbarre. Vor 7800 Jahren war der Damm vier Meter hoch, wodurch sich im rückläufigen Fischbachtal das Wasser aufstaute. Es bildete sich ein See, der sich bis zu einem Kilometer weit Richtung Hengen (Kapuzinerfelsen) ausweitete. Vor 6100 Jahren war die natürliche Ablagerung bereits 20 Meter hoch. Ihren Höchststand mit 36 Metern erreichte sie, als der Mensch begann, den Tuff als Baumaterial für Burgen abzutragen und dem „Bodenlosen See" einen Abfluss zu verschaffen. Die Kirche bildet heute den höchsten Punkt der Barre. Beeindruckend auch die Kalktuffmauer unterhalb des Pfarrhauses. Im Jahr 1617 begann der württembergische Hof-Baumeister Heinrich Schickhardt am Grund des Sees in 14 Meter Tiefe einen 467 Meter langen Stollen durch die Tuffbarre graben zu lassen. Als der Stausee 1520 erstmals abgelassen wurde, war die Enttäuschung groß. Man hatte sich in den Untiefen große Fischbestände erhofft, aber im zwei Meter dicken Schlick zappelten nur kleine Forellen. In der Folgezeit wurde der Stollen jährlich für die Flößerei geflutet. Seit 1821 blieb der Abfluss ständig offen, wo der See lag, stehen heute 20 hochwassergefährdete Häuser. Die Ausgänge des gesperrten historischen Baus können eingesehen werden. An allen geraden Jahren wird am Tag des Denkmals (2. Sonntag im September) der Stollen zudem bis zur Mitte der Öffentlichkeit zugänglich gemacht.

Tipp

Vom Gönninger Rathaus über die Seen bis hoch zur Wiesazquelle in Genkingen (Landkreis Reutlingen) führt ein 5 km langer Tuffstein-Lehrpfad, der alle Facetten dieser Kalktufflandschaft aufgreift. Viele Gebäude sind aus Tuffstein errichtet.
www.goenningen-info.de

WARME QUELLEN ALGERSHOFEN
Wo Schildkröten sonnenbaden

Lage

Die warmen Quellen liegen am westlichen Ortsrand des kleinen Munderkinger Stadtteils Algershofen (Alb-Donau-Kreis), nördlich einer Donau-Schleife.

Erreichbarkeit

Auf der Bundesstraße 311 bei Untermarchtal auf die Landesstraße 257 Richtung Munderkingen abbiegen. Auf halber Strecke zweigt an einer Kreuzung rechts die Verbindungsstraße zum Weiler Algershofen ab. Parkmöglichkeit am Ortsbeginn suchen. Über den ersten Seitenweg rechts gelangt man nach 250 Metern zur Quelle/Badehäuschen. Ein Rundweg führt entlang des Baches nach weiteren 700 Metern wieder über die Ortsmitte zurück zum Ausgangspunkt.

Enorme Mengen von heißem Wasser unter der Alb, die nur darauf warten, als Energiequelle angezapft zu werden. Mit dieser These steht der berühmte Höhlentaucher und Blautopf-Erforscher Jochen Hasenmayer zwar im Widerspruch zu vielen Geologen, aber schließlich war niemand seiner Kritiker tiefer im Erdinnern, als er selbst. Seiner Überzeugung nach muss es weit im Untergrund Höhlengänge geben, in denen riesige Mengen von Thermalwasser fließen.

Unstrittig ist, dass die Temperatur um rund drei Grad Celsius pro 100 Meter Tiefe ansteigt. Im Gebiet des Uracher-Kirchheimer Vulkans ist die Tiefentemperatur dreimal so hoch wie anderswo. Ideale Orte also, für Heil- und Wellnessbäder:

In Bad Urach sprudeln täglich eine Million Liter aus 770 Metern Tiefe; auch Beuren zapft 48 Grad heißes und rund 30000 Jahre altes Wasser an. Bad Ditzenbach pumpt stark kohlensäurehaltiges Thermalwasser aus dem 600 Meter tief gelegenen Muschelkalk. Überkingen war bereits im 15. Jahrhundert Ziel des kurenden Adels, heute sind sechs Heilquellen in Betrieb. Erst seit 2002 hat Tuttlingen eine Heilquelle, deren Wasser aus 645 Tiefenmeter ins Thermalbad gepumpt wird.

Das einzige Natur-Freiluftbad, das von Thermalwasser gespeist wird, liegt auf der Südseite der Alb, in einer Schleife der Donau beim kleinen Weiler Algershofen. Aus einer Tiefe von 170 Metern dringt das ganze Jahr über konstant 16 Grad warmes Wasser über Spalten an die Oberfläche, wo es zunächst einen Teich bildet. Der mündet als Bach nach wenigen Kilometern in der Donau. Hartgesottene baden hier im Sommer; hartnäckig hält sich das Gerücht, dass das ganz normale mittelharte Albwasser Heilkraft habe. Im 19. Jahrhundert träumte der Ort gar davon, sich eines Tages Bad Algershofen nennen zu können. In dem mit Schilf bewachsenen pittoresken Gewässer tummeln sich seltene Tiere wie Eisvögel, Biber, Reiher und Störche. Auch Exoten haben hier ein Zuhause gefunden. Sobald die Außentemperaturen steigen, sonnen sich (ausgesetzte) Schmuckschildkröten auf den Steinen.

Tipp

Die Thermal- und Mineralbäder im Bereich der Schwäbischen Alb verbinden klassisches Heilbaden mit Wellness-Ambiente und Spaßerlebnis: Aalen, Limes-Thermen, www.limes-thermen.de; Bad Boll, Badhaus, www.badhaus-bad-boll.de; Bad Ditzenbach, Vinzenz-Therme, www.vinzenztherme.de; Bad Sebastiansweiler, www.bad-sebastiansweiler.de; Bad Überkingen, Thermalbad, www.thermalbad-ueberkingen.de; Bad Urach, Albthermen, www.albthermen.de; Beuren, Panorama-Therme, www.beuren.de; Göppingen, Barbarossa-Thermen, www.barbarossa-thermen.de; Tuttlingen, TuWass, www.tuwass.de

NATIONALER GEOTOP BERGRUTSCH
Zurück zur Urlandschaft

Lage

Am Albtrauf zwischen Mössingen (Landkreis Tübingen) und Burladingen
(Zollernalbkreis) ereigneten sich mehrere spektakuläre Bergrutsche.

Erreichbarkeit

Der größte Bergrutsch Baden-Württembergs liegt an der Verbindungsstraße
zwischen Talheim (Sportplatz) und Belsen. Parkplatz direkt beim Rutsch
(Infotafeln). Ein Pfad führt in den Rutsch hinein und auf die Hochfläche oberhalb
des Rutsches. Hier kann man auf eine riesige inselartige Gesteinsscholle blicken,
die einmal ins Tal donnern wird.
Den Albtraufweg (Dreifürstensteig) westlich folgend gelangt man zum
Aussichtspunkt Dreifürstenstein (Anfahrt auch über die Salmendinger Kapelle
möglich). Von dort, in südwestliche Richtung, kommt man an zwei weiteren
Rutschhängen oberhalb von Hechingen-Schlatt und Jungingen vorbei.
Gegenüber des Mössinger Rutsches, am Farrenberg, gibt es einen weiteren
Rutschhang; südlich der Talheimer Sportgaststätte ist ein dritter Bergrutsch.
Beide Hänge sind nicht begehbar. Beim Freibad Öschingen hat ein vierter
Rutsch eine ganze Siedlung in Mitleidenschaft gezogen. Ein Waldweg führt
durch den gesicherten Hang hoch zum Aussichtsturm Roßberg.

Es war eine Jahrhundertkatastrophe: Im April 1983 geriet bei Mössingen ein Teil der Alb nach tagelangen Regenfällen ins Rutschen. Eine Fläche von 70 Fußballfeldern ging zu Tal. Rund 10 Millionen Tonnen Geröll begruben das, was früher ein gesunder Hangwald war, unter einer Kieswüste. Ein fünfzig Hektar großes Gebiet wurde zur biologischen Nullzone – ein Sturz zurück in die Urzeit. Tierisches und pflanzliches Leben musste sich langsam wieder entwickeln. Fasziniert verfolgte die Wissenschaft, wie sich in in der Geröllhalde mit ersten Regenwasser-Teichen Pionierpflanzen ansiedelten und – längst wieder verschwundene – Tierarten im aufwachsenden Unterholz ausbreiteten. Die Vegetation ist mittlerweile soweit fortgeschritten, dass sich der ursprüngliche Lebensraum auf weiten Flächen wieder gebildet hat. Doch gleich nebenan ging die Miniatur-Version des Kreislaufs der geologischen Erdgeschichte von Neuem los: Im Sommer 2013 rutschten weitere Hänge. Die Alb wird, wie seit Millionen von Jahren, immer weiter abgetragen. Durchschnittlich 1,6 mm pro Jahr, dann, wie beim Mössinger Hirschkopf-Rutsch, auch schon mal 32 Meter in wenigen Stunden. Zur Ruhe kommen wird die Rückverlagerung des Gebirges nie, das einst bis Stuttgart reichte und sich bis weit oberhalb des Salmendinger Kapellen-Berges auftürmte. Der „Mössinger Bergrutsch" ist 2006 zum „Nationalen Geotop" erklärt worden.

Tipp

Der Mössinger Bergrutsch am Hirschkopf kann selbstständig auf ausgewiesenen Wegen begangen werden. Es empfiehlt sich aber, eine Führung mit dem einzigen Bergrutschführer Deutschlands zu unternehmen. Experte und Buchautor Armin Dieter erläutert bei diesen täglich buchbaren Erlebnisführungen anhand von großformatigen Fotos die erdgeschichtliche Entwicklung der Alb im Zeitraffer.
Telefon 0 74 73/68 30
www.alberlebnis.de

Eiszeitalter

STADELHÖHLE LONETAL
Einziger Knochen eines Neandertalers auf der Alb

Lage

Die Stadelhöhle im Hohlenstein-Komplex liegt 2,5 Kilometer nordwestlich von Asselfingen (Alb-Donau-Kreis) am bewaldeten Südrand des Lonetals. Benachbart sind die Bocksteinhöhlen und die Vogelherdhöhle (Archäopark).

Erreichbarkeit

Die Hohlenstein-Höhlen sind über den Talwanderweg von allen Seiten erreichbar: Von Osten: Wanderparkplatz zwischen Bissingen und Stetten am Archäopark Vogelherdhöhle (3 Kilometer). Von Westen: Vom Wanderparkplatz an der Kreisstraße 7307 bei den Bocksteinhöhlen, zwischen Öllingen und Bissingen (2 Kilometer). Kürzer geht es über das Ausflugslokal/Geopoint „Schlößle Lindenau", das zwei Kilometer südlich und oberhalb der Höhle liegt (Anfahrt über Rammingen, Wegweiser in der Ortsmitte). Alle Höhlen liegen am „Neandertalweg" mit vielen Infotafeln (13,5 Kilometer). Der hintere Zugang zur 50 Meter langen Höhle ist zum Schutz für die Fledermäuse gesperrt.
www.rammingen.de; www.asselfingen.de

Die Spur verliert sich vor 40 000 Jahren, dann ist er offenbar verschwunden. Ausgestorben oder ausgerottet? Der Neandertaler – unser unmittelbarer urmenschlicher Vorläufer. Vor 250 000 Jahren, so der Forschungsstand, vielleicht auch viel früher schon, entwickelte er sich parallel zum heutigen Menschen (Homo sapiens) aus einem gemeinsamen afrikanischen Vorfahren (Homo erectus). Das Bild vom Keule schwingenden dumpfen Primitivling muss ständig revidiert werden: Der Neandertaler war trotz klobigem Äußeren sehr intelligent, konnte sprechen und hatte ein ausgeprägtes Sozialverhalten, war vorausschauend und planend. Immerhin gelang es ihm, mehrere Eiszeiten mit arktischen Temperaturen zu überstehen.

Neue Untersuchungen der Universität Oxford von technisch unterschiedlich bearbeiteten Tierknochen, darunter im Geißenklösterle (Blaubeuren), belegen, dass Neandertaler und moderner Mensch mindestens 250 Generation neben- oder miteinander gelebt haben.

Beide Lebewesen tauschten nicht nur ihre Techniken aus, sondern auch zwischenmenschliche Beziehungen, „aus denen dann Mischlingskinder hervorgingen", so Nicholas Conard von der Universität Tübingen.

Spuren des Neandertalers gibt es auf der Schwäbischen Alb einige. Aber der 1935 gemachte Fund eines 25 Zentimeter langen Oberschenkelknochens in der Stadelhöhle im Lonetal ist bis heute das einzige Skelettteil dieser Menschenform in ganz Süddeutschland. Es ist bis zu 120 000 Jahre alt, eingeschleppt von einer Hyäne. Das Femurfragment stammt von einem 1,60 Meter großen Erwachsenen. Der Kadaver muss noch frisch gewesen, vielleicht unzureichend bestattet worden sein, sonst hätte das aasfressende Tier den Knochen nicht verschleppt.

Tipp

Der geheimnisvolle „Löwenmensch", das älteste künstlich geschaffene Mischwesen der Welt, stammt ebenfalls aus der Stadelhöhle, die deswegen zum UNESCO-Weltkulturerbe zählt. Die aus Elfenbein geschnitzte Statuette ist rund 40 000 Jahre alt. Gefunden wurden Bruchstücke der Skulptur bei Ausgrabungen 1939 rund 25 Meter vom Eingang entfernt. Erst 1969 sind sie als Teile einer Figur erkannt und zusammengesetzt worden. Es dauerte noch weitere vierzig Jahre, bis im Abraum weitere Mammutelfenbein-Fragmente geborgen wurden. Im Labor gelang es, die nunmehr insgesamt 300 Einzelteile zu der fast kompletten Fabelwesen-Figur zusammenzusetzen. Sie ist im Ulmer Museum am Marktplatz ausgestellt (aber oft auch als Leihgabe unterwegs) – vor einem Besuch erst anfragen.
www.loewenmensch.de

BOCKSTEINHÖHLEN LONETAL
Älteste Siedlungsstätte des Vormenschen

Lage

Der Bocksteinhöhlen-Komplex liegt im Talhang zwischen Bissingen ob Lonetal (Kreis Heidenheim) und Öllingen (Alb-Donau-Kreis). Rund 200 Meter links von der Brücke, wo die Kreisstraße 3022/7307 die Lone überquert.

Erreichbarkeit

Autobahn 7, Ausfahrt Niederstotzingen, Richtung Bissingen, im Kreisverkehr nach Öllingen. Kurz vor der Lonetalbrücke liegt links ein Wanderparkplatz. Der Lonetalrundwanderweg führt über das Gewässer am südlichen Talhang entlang zu den Bockstein-Höhlen (steiler, aber kurzer Anstieg). Frei zugänglich.

„Meister Reineke" ist es zu verdanken, dass wir heute den bisher ältesten Siedlungskomplex des Neandertalers auf der Alb und die vielseitigste Fundstelle in ganz Süddeutschland kennen: Knapp unterhalb der schon lange erforschten 9 x 15 Meter großen Bocksteinhöhle wurde 1932 der Ausgräber Robert Wenzel auf das Verschwinden von Füchsen in den Felsspalten aufmerksam. Beim Nachgraben stieß er auf eine weitere Höhle – die 8 x 8 Meter große Bocksteinschmiede – und auf urtümliche Werkzeuge des Neandertalers. Bis zu 70 000 Jahre alt sind die Funde, die den Aufenthalt von Jägergruppen belegen.

Die „Schmiede" nebst Vorplatz und Abhang stellte sich bei einer Grabungskampagne 1956 als Werkplatz aus der Epoche des Micoquien dar, benannt nach der südfranzösischen Fundstätte. Diese Kulturstufe ist durch asymmetrische Faustkeile (mit stumpfer Griffseite) charakterisiert. Anhand der rund 3000 Fundstücke ließ sich die wechselseitig-gleichgerichtete Bearbeitungstechnik der Neandertaler rekonstruieren. Ein Keilmesser-Typ wurde sogar nach der Höhle als Bocksteinmesser benannt. Der Stein hat einen dreieckigen Umriss, einen geraden Rücken und eine ebensolche Schneide. In der Bocksteinhöhle stieß man in der oberen Schichtenfolge auf die 8200 Jahre alte Hockerbestattung einer Frau und eines Kindes. Es ist die älteste bekannte Ganzkörperbestattung auf der Albhochfläche.

Am Törle, dem eigentlichen Eingang (die heutige Öffnung wurde 1881 von den ersten Ausgräbern herausgesprengt), dominierten die Essensreste aus Mammut, Wollnashorn, Rentier und Rind, aber auch Werkzeuge und Elfenbeinperlen.

Spuren hinterließ der anatomisch erste Mensch im Westloch. In der Bocksteingrotte hingegen scheint die Höhlenhyäne im Wechsel mit dem Höhlenbär gehaust und geschmaust zu haben.

Tipp

Der als UNESCO-Weltkulturerbe eingestufte Bocksteinhöhlenkomplex liegt rund zehn Meter über der Talsohle und besteht (von West nach Ost) aus folgenden Fundstätten: dem Bockstein-Westloch mit Vorplatz, der Bocksteinhöhle, dem Bocksteintörle, der Brandplatte, dem Abhang, der Bocksteinschmiede und dem Bocksteinloch (Infotafel vor Ort). Ein Pfad führt zu einer Unterstellhütte oberhalb der Höhlen. Diesen Aussichtspunkt dürften schon die Frühmenschen genutzt haben, um nach Tierherden Ausschau zu halten. Heutigen Besuchern empfiehlt sich, ihr Picknick selbst mitzubringen – und, entgegen den Gepflogenheiten unserer Vorfahren, die mitgebrachten Verpackungen wieder mitzunehmen. www.lonetal.net

HALDENSTEINHÖHLE LONETAL
Die Feinindustrie des Neandertalers

Lage

Die Haldensteinhöhle liegt an der südlichen Lonetalseite, oberhalb der Gemeinde Urspring im Alb-Donau-Kreis.

Erreichbarkeit

Von der Bundesstraße 10 Geislingen – Ulm nach Urspring abbiegen. Rund 200 Meter nach dem Ortsschild zum Gasthof Hirsch rechts in die Reuttierstraße abbiegen. Parkmöglichkeit suchen. Vor dem Gasthof Halde führt ein landwirtschaftlicher Weg links den Hang hoch und nach 100 Metern zur frei zugänglichen Haldensteinhöhle.

Sie sehen Baumblättern täuschend ähnlich: flächenhaft bearbeitete Feuersteinspitzen. Mit großen Lorbeerblatt-, kleinen Buchenblatt- oder schmalen Weidenblattförmigen Verzierungen. Es sind Feinwerkzeuge, aber auch Waffen. Sie stellen die perfektionierte Weiterentwicklung der Faustkeile dar, gegenüber

denen sie sich mit schlankerem Längs- und Querschnitt ausweisen. Man konnte sie als Speer- und Lanzenspitzen verwenden oder als Dolchklinge.

Hergestellt hat sie der Neandertaler, zu einer Zeit, als er vermutlich schon Kontakt mit dem Homo sapiens hatte. Diese „Blattspitzen-Gruppe" datiert in die Zeit zwischen 50 000 und 35 000 vor Christus. In ganz Deutschland gibt es nur rund 20 Fundstellen und lediglich zwei auf der Alb: In der Kleinen Ofnethöhle (siehe Kapitel Mittelsteinzeit) und im Lonetal, genauer gesagt, an deren Ursprung – am Talhang oberhalb des Quelltopfes der Gemeinde Urspring. Dort liegt die 35 Meter lange Haldensteinhöhle. Eine Spalthöhle mit 6 x 4 Meter großem

Höhlenraum, der sich bergwärts trichterförmig verengt. Ein lehmverstopfter Naturschacht im Hallenboden lässt eine Verbindung zum Lone-Quelltopf vermuten.

Der Archäologe Gustav Riek grub sich 1936 durch die Kulturschichten des Höhlenbodens vom Mittelalter bis in die Altsteinzeit hinab. Die Fundausbeute war nicht sonderlich ergiebig – bis auf die Entdeckung der äußerst sorgfältig und fein gearbeiteten Blattspitzen. Sie lagen zwischen Tierknochen von Wollnashorn, Ren, Pferd, Hirsch, Höhlenbär, Höhlenhyäne und Mammut.

Tipp

Die 38 Kilometer lange beschauliche Lone entspringt auf 562 Meter in einem eingefassten Quelltopf in der Ortsmitte des kleinen Dorfes Urspring. Die 6 Meter tiefe und rund 10 Meter breite Quelle schüttet durchschnittlich 220 Liter pro Sekunde aus. Eigentlich ist das Tal, das sie auf ihrem Weg in die Hürbe und dann in die Brenz durchquert, viel zu groß. Zu ihrer Entstehungszeit war sie ein großer Fluss, der seinen Ursprung im Schwarzwald hatte.
www.lonsee.de

GROSSE GROTTE BLAUBEUREN
Erste Höhlenwerkstatt

Lage

Die Große Grotte liegt 30 Meter unterhalb des bekannten Ausflugsziels, der Burgruine Rusenschloss, zwischen Blaubeuren und Gerhausen (Alb-Donau-Kreis).

Erreichbarkeit

Die (bis auf die Fledermausschutzzeiten) frei zugängliche Höhle 100 Meter oberhalb des Blautals kann sowohl von der Burgruine abwärts, als auch vom Tal aufwärts (ab Bahnhof ausgeschildert, 1,4 Kilometer) erreicht werden. Von oben: In Blaubeuren von der B 28 über die Steige der Kreisstraße 7406 nach Sonderbuch. Vor der Anhöhe nach rechts auf den Wanderparkplatz, nach 1,2 Kilometern zur Burganlage. Ein Fußweg führt durch den unteren Burgtorbogen nach zwei Serpentinen in die Große Grotte.

Nach Südwesten hin ausgerichtet, hat sie für eine Wohnhöhle heute die idealmöglichste Lage: Das Tageslicht leuchtet die 28 Meter tiefe Halbhöhle vollständig aus, und bei Sonnenschein ist der Vorplatz warm und trocken. Hinzu kommt,

was heute aber wegen der Bewaldung nicht sofort auffällt: Vom 15 x 17 Meter großen imposanten Eingang hatte man einen ausgezeichneten Blick auf das Blautal und den Wildwechsel. Der war ausschlaggebend, dass sich hier vor 45 000 bis 100 000 Jahren Neandertaler aufhielten. Nicht ständig, denn aus der großen Fundmenge von rund 2000 Geräten und Abfallstücken lässt sich ablesen, dass die Jägergruppen die Grotte wohl nur alle paar Monate aufgesucht hatten. Nicht nur als Unterstand, sondern womöglich als Hochstand. Auf der untersten der 2,5 Meter hohen, insgesamt elf Zeitepochen umfassenden Höhlenbodenschicht stieß der Ausgräber Gustav Riek (1959 bis 1964) auf Levalloisspitzen; für den Neandertaler typische Abschlagsformen, die bei der Herstellung von Speerspitzen aus Feuerstein entstehen. Es sind die ältesten Neandertaler-Handwerksbelege der Alb. Von großer Bedeutung war der Fund einer Geschossspitze aus Knochen. Waffenteile aus tierischen Materialien waren damals höchst selten. Auf dem Speiseplan standen vor allem Steinböcke, mengenmäßig gefolgt von Rentier, Wildpferd und Rothirsch. Auch Fellnashorn und Bison wurden verspeist. Große Knochenmengen von (natürlich gestorbenen) Höhlenbären belegen, dass die Große Grotte noch andere Bewohner hatte.

Den umfangreichsten Fundanteil stammt aus dem Moustérien, kurz bevor der Mensch im Blautal auftauchte. Ob eine unregelmäßige Mauer aus Kalksteinblöcken, die quer durch die Höhle verlief, als Siedlungsstruktur des Neandertalers zu werten ist, muss offenbleiben.

Tipp

Der sagenumwobene Blautopf hat auch schon die ersten Menschen in seinen Bann gezogen, sie siedelten in unmittelbarer Umgebung. Die zweitreichste Kalkwasserquelle Deutschlands, am Altstadtrand von Blaubeuren gelegen, hat einen Durchmesser von 40 Metern und drückt im Schnitt 2280 Liter in der Sekunde aus 21 Metern Tiefe. Das Blautopfhöhlensystem reicht mindestens 11 Kilometer nach Norden.
www.blaubeuren.de

GÖPFELSTEINHÖHLE VERINGENSTADT
Das Neandertal der Alb

Lage
Veringenstadt im Lauchertal (Kreis Sigmaringen) hat mit über vierzig Fels-
öffnungen die höchste Höhlendichte der Alb. Ein Höhlenrundweg führt entlang
des Ortsrands zu den größten Grotten.

Erreichbarkeit
Der mitunter steile Höhlenrundweg hat seinen Anfang am Rathaus in der
Ortsmitte. Parkmöglichkeiten im Stadtbereich. Man kann die Höhlen freilich auch
einzeln aufsuchen. Die Göpfelsteinhöhle liegt über dem Tunnel der Bundesstraße
312/Bahnlinie im Westen der Stadt. Der Schafstall (Felsabri) liegt im westlichen
Felshang der Nikolaushöhle, die sich wiederum ganz im Süden des Ortes befindet.

Zweihunderttausend Jahre lang
streifte der Neandertaler über die
Alb. Und was blieb von ihm? Ein
Haufen Feuerstein- und Knochen-
werkzeuge. Umso bedeutender
sind die wenigen Fundstellen einzuordnen, an denen sich sein Aufenthalt nachweisen lässt. Umso mehr,
wenn sie gehäuft vorkommen.
Rund um Veringenstadt gibt es über
40 Höhlen und Klüfte. In der Göpfelsteinhöhle und dem Felsüberhang
Schafstall (wenige Meter westlich
der bekannten Nikolaushöhle) wurden Spuren des Neandertalers entdeckt. Er wird auch die Nachbarhöhlen aufgesucht haben, wodurch
das Lauter- quasi zum Neandertal
der Alb wird.
Der Urgeschichtler Eduard Peters
grub 1935 in der geräumigen

Göpfelsteinhöhle am westlichen Ortsrand von Veringenstadt. Über 1000, zum Teil winzige Werkzeuge und Abschläge vom Feuerstein (Silices) kamen im Eingangsbereich zum Vorschein. Allein 800 charakteristische Steinteile konnten in die Epoche des nach dem französischen Fundort benannten späteren Moustérien (vor 80 000 bis 40 000 Jahren) eingeordnet werden. Darunter 100 Schneide-Werkzeuge sowie spitz zulaufende Kratzer für

die Fellbearbeitung und vier Knochenambosse, auch Überreste von Jagdbeute. Die Funde sind seit dem Einmarsch der Franzosen 1945 in Sigmaringen verschollen.

Die Schafstallhöhle ist heute ein verschütteter Felsüberhang. Der Neandertaler fand noch eine geräumige Höhle vor, die eine Verbindung zur benachbarten Nikolaushöhle hatte. Eine von Peters entdeckte Kohleschicht mit Knochen, die den Nachweis einer bis

zu 100 000 Jahre alten Lagerstätte erbrachte, lag zunächst unter vier Meter hohen Schuttmassen. Diese wurden beiseite geräumt und sind heute auf dem engen Vorplatz aufgetürmt. Am Westende des Überhangs wurde 1948 ein zweiter Lagerplatz, ebenfalls mit Spitzen und Schabern aus Hornstein, entdeckt, nachdem man metertief durch verschiedene Kultur- und Tierknochenschichten ins Erdreich vorgedrungen war.

Tipp

Der 4,5 Kilometer lange und sehr kurzweilige Höhlenrundwandweg (Dauer 2,5 Stunden) führt durch eines der drei, neben dem Ach- und dem Lonetal, bedeutendsten Höhlenfundgebiete der Alb. Start ist am Rathaus (dem ältesten Hohenzollerns von 1415) der historisch sehenswerten Stadt.
www.veringenstadt.de

VOGELHERDHÖHLE LONETAL
Älteste Kunstwerke der Welt

Lage
Die Vogelherdhöhle liegt zwischen Bissingen ob Lontal und Niederstotzingen-Stetten (Kreis Heidenheim) direkt an der Kreisstraße.

Erreichbarkeit
Autobahn 7, Anschlussstelle Niederstotzingen: Richtung Niederstotzingen. Wenige Kilometer nach Bissingen gelangt man zum Archäopark. Wenige Gehminuten vor und nach dem Freigelände gibt es Parkmöglichkeiten. Die Vogelherdhöhle ist mittlerweile nur durch den Archäopark zugänglich. Dieser umschließt die Höhle und informiert mit einem Freigelände und einer Ausstellung über die Fundstelle und das Lonetal. Die Höhle ist zwischen November und Ende März (Fledermausschutz) gesperrt!

Vor 40 000 Jahren taucht der moderne Mensch in Europa auf. Er wandert von Südosten kommend über die Donau ein, beginnt den Neandertaler zu verdrängen. Er begründet das Aurignacien, eine Kulturstufe, die nach einer Fundstelle in Südfrankreich benannt ist, und 8000 Jahre umfasst. Er bringt handwerkliche Innovationen mit – und die Kunst. Zum einen die Wandkunst: Höhlenmalereien, von denen es, im Gegensatz zu Südwesteuropa, aber bisher auf der Alb keine Nachweise gibt. Und die Kleinkunst. Sie scheint ihren Ursprung zwischen dem Donau- und dem Lonetal zu haben: In vier Höhlen wurden die ältesten Kunstwerke der Welt entdeckt. In Fundschichten, die bis zu 40 000 Jahre alt sind. Im Vogelherd, einer Höhle mit drei Eingängen und 180-Grad-Talblick, 20 Höhenmeter oberhalb der Lone, stieß der Tübinger Urgeschichtler Gustav Riek in den 1930er-Jahren auf elf aus Mammut-Elfenbein geschnitzte Figuren, deponiert an einer Stelle. Darunter das nur knapp 5 Zentimeter lange Wildpferdchen. Weitere Figuren stellen ein Mammut ein Ren, ein Bison, ein Höhlenbär sowie mehrere Großkatzen dar. (Rieks Fund-Figuren sind in der Universitäts-Sammlung im Schloss Hohentübingen ausgestellt).

Sehr aufwendige Nachgrabungen vom Team um Professor Nicholas

Conrad brachten 2006 im Abraum neben vier übersehenen Kleinplastik-Bruchstücken eine 7,5 Gramm wiegende Mammut-Kleinplastik zum Vorschein. Die 3,7 Zentimeter kleine Figur ist das älteste vollständig erhaltene Kleinkunstwerk der Menschheit. Neben unzähligen Schmuckfunden aus Elfenbein kam noch eine weitere Löwenfigur zum Vorschein.

Tipp

Der 2013 neu errichtete Archäopark Niederstotzingen schärft die Sinne für die Eiszeit. Ein vielfältiges Angebot rund um die Höhlenfunde im Lonetal stehen im Mittelpunkt der Anlage mit Infozentrum und Museumsshop. Das 2006 entdeckte Mini-Mammut und die Löwenfigur sind dort im Original zu sehen. Das Gelände mit dem Höhlenberg in der Mitte ist durch einen Rundweg mit Mitmachstationen erschlossen. Das Parkcafé ist öffentlich. An Wochenenden und in den Ferien gibt es zahlreiche Aktionen an den Themenplätzen.
Geöffnet: Dienstag, Freitag (11 bis 18 Uhr), Mittwoch, Donnerstag (9 bis 18 Uhr). Donnerstags zusätzlich in den Sommerferien bis 22 Uhr. Am Wochenende und feiertags von 10 bis 18 Uhr.
www.archaeopark.de
www.unimuseum.de

HOHLE FELS SCHELKLINGEN
Älteste Frau der Welt

Lage
Die Höhle Hohle Fels liegt östlich von Schelklingen (Alb-Donau-Kreis) am
Südhang der Ach.

Erreichbarkeit
In Schelklingen auf der Bundesstraße 492 Richtung Blaubeuren. Ortsausgangs
der Beschilderung nach rechts zum Hohle Fels folgen. Vom 1. Mai bis 31. Oktober nur sonntagnachmittags geöffnet; wegen Ausgrabungen (Eingang vergittert).
Der Höhlenrest des Kogelstein steht an der B 492, Abzweigung Schmiechen:
Von Schelklingen kommend, rechts abfahren. In der ersten Rechtskurve nach
links Richtung Sportplatz, dann die Bahnlinie/Bundesstraße unterqueren und
parken. Der Fels liegt links (nördlich). www.museum-schelklingen.de

Knapp 6 Zentimeter hoch, 31 Milli-
meter dick. Die weltweit erste be-
kannte figürliche Darstellung einer
Frau ist zwischen 35 000 und 40 000
Jahre alt, und relativ gut erhalten.
Als dickleibige „Venus vom Hohle
Fels" erlangte die als Anhänger
getragene Elfenbeinfigur Welt-
ruhm. Entdeckt hatte sie 2008 das
Tübinger Uni-Grabungsteam unter Nicholas Conrad. Sie lag in Ein-
zelteilen rund 20 Meter vom Höhleneingang entfernt, in einer drei
Meter tiefen, extrem fundreichen
Schicht. Die Höhlenhalle ist mit 500
Quadratmetern Grundfläche eine
der größten der Alb.
Obwohl im Hohle Fels schon seit
1830 Grabungen stattgefunden haben, gelangten erst bei jüngeren

Kampagnen spektakuläre Funde
wie Kunstwerke der ersten moder-
nen Menschen ans Tageslicht. Sie
stammen allesamt aus der unteren
Aurignacien-Schicht, die die Evo-
lution der menschlichen Technik
konserviert hat: wenige Zentimeter
kleine Elfenbein-Figuren, (Pferde-
kopf, Wasservogel, Kleiner Löwenmensch), eine 22 Zentimeter lange
Flöte aus einem Geierknochen und
zuletzt 2015 Bruchstücke einer
zweiten Venusfigurine. Außerdem
ein Lochstab aus Elfenbein, der
in seinen vier Löchern gewinde-
artige Kerbungen aufweist. Hierbei
könnte sich um den ersten Nachweis eines Werkzeugs zur Seilher-
stellung handeln. Bislang wurden
über 40 000 Steinartefakte ausge-

graben. Das Spektrum reicht von einfachen Abschlägen über Klingen bis zu Kratzern, Sticheln und Absplissen, Werkzeuge aus Geweih und zahlreiche Überreste der Elfenbeinverarbeitung. Daraus wurden Werkzeuge des täglichen Gebrauchs hergestellt. Tausende Splitter zeugen von intensiver Schnitzarbeit.

Der fundarme Höhlengrund spiegelt die schwache Besiedlungsintensität des Neandertalers wider. Mit der Beschaulichkeit am Hohle Fels dürfte es aber künftig vorbei sein, wenn die UNESCO die weltberühmte Fundstätte zum Weltkulturerbe erhoben hat.

Tipp

Der beim Eisenbahnbau fast zerstörte Kogelstein war eine für die Jagd des Neandertalers strategisch wichtige Stelle am Mittelpunkt mehrerer Täler. Herannahende Herden wurden von hier angegriffen. Werkzeug- und Knochenreste bezeugen die Jagd nach Mammut, Wollnashorn, Wildpferd, Riesenhirsch, Rentier, Ur und Gämse. Ebenfalls auf Jagd gingen von hier der Höhlenbär, der Höhlenlöwe und die Höhlenhyäne.

GEISSENKLÖSTERLE BLAUBEUREN
Erste Musikinstrumente der Menschheit

Lage

Das Geißenklösterle liegt am südlichen Ortsrand des Blaubeurener Ortsteils Weiler (Alb-Donau-Kreis), steile 60 Meter über der Sohle des Achtals.

Erreichbarkeit

Auf der Bundesstraße 492 von Ehingen Richtung Blaubeuren. Vor Weiler rechts abbiegen, über den Bahnübergang und die Ach-Brücke und nach 80 Metern am Waldrand parken. Von dort linken Fußweg den Hang aufwärts, vorbei an einer Gedenktafel. Nach zwei Kehren rechts am Felsriegel vorbei, links, über steile Stufen hoch zu den zwei Höhlen des Geißenklösterle mit Felstor. Die Höhle ist vergittert (außer an Aktionstagen). Aber die Fundstelle ist von außen gut einsehbar.

Ein äußerst beschwerlicher Weg zu einem Konzertsaal, über steile, steinerne Pfade, in eine 60 Meter aufragende Felswand, durch ein 4 Meter hohes Portal. Aber vielleicht war der 25 Meter große Felskessel des Geißenklösterle mit seinen 8 und 10 Meter langen Höhlengängen auch nur ein Proberaum. Zumindest lagen drei mehr oder weniger gut erhaltene Flöten im Untergrund. Ziemlich lange schon, seit 35 000 Jahren. Sie sind damit die derzeit ältesten Musikinstrumente der Welt.

Die erste Flöte, 1990 von Joachim Hahn entdeckt, misst 12,6 Zentimeter und ist aus dem Knochen eines Singschwans geschnitzt worden. Eine zweite ist ebenfalls aus einem

Vogelknochen. Ein drittes Instru-
ment war sogar aus zwei ausge-
höhlten Mammutelfenbein-Spänen
zusammengeklebt worden. Es sind
keine Prototypen, sondern belegen
bereits eine etablierte Technik.

Wie musikalisch die ersten Menschen auf der Südalb waren, zeigen
die Funde von weiteren Knochen-
flöten oder -teile im Vogelherd und
im benachbarten Hohle Fels. Deren Instrumente aus Gänsegeier-
knochen sind sogar einige Tausend
Jahre älter.

Auch Maler waren im Geißenklösterle aktiv: Unter dem in 35000

Jahren angewachsenen Höhlenboden kamen mehrere Steine zutage, die mit den Mineralgesteinsfarben des Hämalit und Limonit sowie mit der Erdfarbe Ocker bemalt waren. Aufsehenerregend war der Fund eines dreifarbig pigmentierten Kalksteins.

Weltweite Berühmtheit erlangte die Höhle durch weitere meisterliche Elfenbeinschnitzereien: Ein vollplastischer, 5 Zentimeter hoher, stehender Bär in Angriffsposition und ein etwas kleineres Mammut, beide aus vielen Einzelfragmenten zusammengesetzt. Außerdem ein 1,5 Zentimeter hoher Miniatur-Bison und eine menschengestaltige Kleinfigur. (Foto Seite 72)

Tipp

Das Geißenklösterle ist wegen seiner außergewöhnlichen Schichtenabfolge die am besten datierbare altsteinzeitliche Fundstelle der Welt. Alles, was man über die vielen Eiszeitfunde in der UNESCO-Weltkulturerbe-Stätte wissen muss, wird im Urgeschichtlichen Museum Blaubeuren (Kirchplatz 10) dargestellt. Öffnungszeiten: Zwischen 15. März und 30. November dienstags bis sonntags von 10 bis 17 Uhr. Im Winterhalbjahr nur dienstags, samstags und sonntags sowie an Feiertagen und auf Anfrage (Telefon 0 73 44/96 69-915). www.urmu.de

SIRGENSTEIN / BRILLENHÖHLE
BLAUBEUREN
Die Höhle des Zyklopen

Lage

Die Sirgensteinhöhle liegt zwischen Schelklingen und Blaubeuren-Weiler (Alb-Donau-Kreis) rund 35 Meter oberhalb einer Parkbucht nördlich der Bundesstraße 492. Die Brillenhöhle liegt 1 Kilometer westlich der Stadtmitte Blaubeuren.

Erreichbarkeit

Etwa 1 Kilometer flussabwärts der Schelklinger Höhle Hohle Fels befindet sich, nahe der Abzweigung nach Sotzenhausen auf der nördlichen Talseite eine Parkbucht an der B 492. An einer Holzhütte zweigt ein Fußpfad zu der Sirgensteinhöhle. Sieben Meter höher liegt ein Felsschutzdach. Auf der Hochfläche des 20 Meter hohen Felsen liegen die Überreste der vermutlich im 13. Jahrhundert bewohnten Felsenburg Sirgenstein. Die Höhle ist, bis auf die üblichen Fledermausschutzzeiten im Winter, frei zugänglich (Lampe nicht vergessen). www.gfu-blaubeuren.de

Ein „ungeheurer Zyklop" müsse hier seine Wohnstätte gehabt haben. Jener einäugige Riese aus der griechischen Mythologie, den Odysseus überlistet hat. Der Ulmer Mönch Felix Fabri, ein Gelehrter des 15. Jahrhunderts, konnte sich keinen anderen Reim auf die vielen Knochenfunde machen. Die Bevölkerung hatte die Ablagerungen in der Sirgensteinhöhle zur Düngung der Felder abgegraben und war dabei auf Unmengen von Knochen gestoßen – den vermeintlichen Mahlzeiten des Riesen. Dass in der Höhle dann 1906 vom Tübinger Ausgräber Robert Schmidt tatsächlich Keramikfunde aus der Bronzezeit – der Epoche von Odysseus – gemacht wurden, ist ein netter Zufall der Geschichte. Die Knochenreste von Wollnashorn und Höhlenlöwe hingegen sind zwischen 31 000 und 40 000 Jahre alt und stammen aus den Epochen des Gravettien und Aurignacien. Schmid war der Erste, der Höhlenfunde in Deutschland mit denen der namensgebenden französischen Fundstätten zeitlich abglich; wodurch der Sirgenstein zum UNESCO-Weltkulturerbe zu rechnen ist.

Schmidt grub auf dem 7 x 14 Meter breiten Vorplatz viele Feuerstellen aus, ebenso in dem insgesamt 42 Meter langen Höhleninneren. Vermutlich hat die kuppenartige Höhle, in deren hinteren Teil Versturzblöcke liegen, eine Fortsetzung.

Unter einer bronzezeitlichen Abfallschicht folgte bereits das 10 000 Jahre ältere Magdalénien mit Kleinstwerkzeugen und Geschossspitzen. Das Gravettien (endete vor 26 000 Jahren) lieferte Knochen- und Elfenbeingeräte. In den untersten Schichten des Moustérien (Neandertaler) lagen Schaber neben Höhlenbärenknochen. Ein Felsschutzdach, 7 Meter über der Höhle, war nur sporadisch aufgesucht worden.

Tipp

Die wichtigste Alb-Fundstelle aus der Epoche des Gravettien (vor 33 000 bis 26 000 Jahren) ist neben dem Geißenklösterle und dem Hohle Fels die 17 Meter große Brillenhöhle. Sie liegt rund 1 Kilometer westlich von Blaubeuren (ausgeschilderter Fußweg von der Stadtmitte).

Der mühselige Aufstieg lohnt sich wegen des Felsenlabyrinths am 60 Meter hohen Talhang. Die Höhle mit den brillenförmigen Öffnungen ist ständig verschlossen (Schlüssel im Urgeschichtlichen Museum); man kann aber von außen hineinschauen.

www.urmu.de

FELSSTÄLLE EHINGEN-MÜHLEN
Fast 430 000 Fundstücke

Lage
Die Halbhöhle Felsställe liegt am westlichen Talhang, rund 500 Meter südöstlich des Ehinger Teilorts Mühlen (Alb-Donau-Kreis).

Erreichbarkeit
Bundesstraße 311 zwischen Riedlingen und Ehingen: Höhe Munderkingen Richtung Kirchen auf die Kreisstraße 7344 abbiegen, auf der K 7414 bis Schlechtenfeld, am Ortsbeginn links Mühlen. Vor dem Ort zum Wanderparkplatz rechts abbiegen und nach wenigen Gehminuten zum frei zugänglichen Felsställe. Zur Schontershöhle gelangt man vom südlichen Ortsende von Weilersteußlingen aus nach 2,5 Kilometer über einen Waldweg ins Rauhtal. Die frei zugängliche Höhle liegt direkt am Weg (Infotafel).

Unter einem 65 Quadratmeter großen Bereich des Felsdaches wurden rund 430 000 Fundstücke geborgen. Damit zählt diese Bodenschicht aus der Magdalénien-Kulturstufe (Ende der letzten Eiszeit vor 15 400 bis 14 000 Jahren) zu den reichhaltigsten in ganz Mitteleuropa.

Das ist umso erstaunlicher, weil die Erforschung dieses 40 Meter messenden halbkreisförmigen Abriss 1974 mit einem Desaster begann. In diesem Seitental der Ur-Donau wurde ein Wanderweg angelegt. Der Baggerfahrer grub den Boden des Felsdaches ab, wodurch Tausende von Feuerstein-Werkzeugen zum Vorschein kamen. Die Folge war eine Invasion von Raubgräbern, die sich auch von der darauffolgenden groß angelegten, letztlich fünf Jahre dauernden wissenschaftlichen Grabung nicht beirren ließen.

In diesem ergiebigen Fundhorizont aus der jüngeren Altsteinzeit fanden sich typische Werkzeuge, die zur Bearbeitung von Knochen, Holz, Geweih und Fell gebraucht wurden. Hinzu kamen Nadeln aus Knochen und Speerspitzen aus Geweih sowie eine ganze Anzahl durchlochter Schmuckschnecken.

Die eiszeitlichen Jäger haben diese Höhle periodisch als Jagdlager aufgesucht, aber den überwiegenden Teil des Jahres in der offenen Landschaft gesiedelt. Die Wildreste spiegeln das übliche Nahrungsangebot wider.

Links von der Mitte des Felsställe lagen drei Feuerstellen. Rechts davon wurde der Grundriss eines (Fell-)Zeltes entdeckt. Hier fand offenbar die gesamte Werkzeugproduktion statt, zumal pro Quadratmeter bis zu 10 000 Fragmente ans Tageslicht kamen. Offenbar gab es damals schon die in heutigen Werkstätten üblichen Pin-up-Kalender: An der Felswand wurde eine schematisch geritzte Frauendarstellung auf einem Kalkgeröll gefunden.

Tipp

Um 1780 hauste die arme Familie Schonter in der gleichnamigen Höhle. Sie waren die letzten Bewohner in einer langen Zeitspanne. Denn bereits nach der Eiszeit, vor 11 600 bis 7500 Jahren, wurde hier gesiedelt. Bei der Grabung 1938/1939 gelang es erstmals, zwei sich überlagernde mittelsteinzeitliche Kulturschichten freizulegen – die erste mesolithische Abfolge auf der Alb. Bei Nachgrabungen 1962 wurde dann aber doch eine ältere, eiszeitliche Kulturschicht entdeckt. Ebenso in der etwas talaufwärts gelegenen, verschütteten Rappensteinhöhle (turmartiger Felsen, 55 Meter über dem Tal). www.tourismus.alb-donau-kreis.de

HELGA-ABRI UND BÄRENTAL SCHELKLINGEN
Ein 14 000 Jahre alter Jagdsitz

Lage
Die Felsnische Helga-Abri liegt oberhalb der berühmten Höhle Hohle Fels östlich von Schelklingen (Alb-Donau-Kreis) am Südhang der Ach. Die Bärentalhöhle liegt nördlich des Teilorts Hütten.

Erreichbarkeit
In Schelklingen auf der Bundesstraße 492 Richtung Blaubeuren. Beschilderung nach rechts zum Hohle Fels folgen. Vom Parkplatz über die Ach-Brücke hoch zum Vorplatz des Hohle Fels. Rechts führt ein steiler Fußpfad nach 15 Metern zum Helga-Abri (frei zugänglich). www.museum-schelklingen.de
Zur Bärentalhöhle gelangt man von der Ortsmitte Hütten; hier Parkmöglichkeit suchen: An der Abzweigung zur Steige nach Justingen in der ersten Kehre per Fußweg ins Bärental mit vielen Felsklüften. Die Bärentalhöhle öffnet sich nach 50 Metern rechter Hand (Teilstück frei zugänglich).

Die Welt befand sich im Umbruch am Ende der Würm-Eiszeit vor 14 700 Jahren; ein Sommertag war im Durchschnitt 16 Grad warm, Schmelzwasser schuf andere Flussläufe, neue Vegetationen entstanden. Tierherden wanderten ab, einzelne Arten starben aus. Die Jagd konzentrierte sich auf standorttreue Tiere. Pfeil, Bogen und Fallen wurden zu den wichtigsten Waffen. Die 6000 Jahre umfassende Kulturstufe des Magdalénien neigte sich dem Ende zu. Die nach einer Fundstelle in Südwestfrankreich benannte Epoche ist archäologisch gekennzeichnet durch den Wechsel von Stein- zu Knochenmaterial.

Jäger, die auf Beute aus waren, hatten in dem 8 x 15 Meter messenden halbrunden Felsschutzdach, etwa 25 Meter oberhalb der Talsohle der Ach gelegen, eine gute Position vorgefunden. Das steil ansteigende Gelände, in dem Felsformationen einen Korridor bilden, bot einen natürlichen Hochsitz an einem mutmaßlichen Wildwechsel-Übergang. In dem Abri an der Südostflanke des berühmten Hohle Fels wurden Kratzer, Stichel, Bohrer, Rückenmesser und Rückenspitzen geborgen. Ein zusammengesetzter Kern zeigt, dass die Steingeräte zwar vor Ort hergestellt wurden, aber von Lagerstätten stammen, die bis zu 300 Kilometer entfernt am Rhein oder an der Saale liegen. Insofern belegt das Helga Abri, dass es schon damals weitreichende Handelskontakte gegeben hat.

Tierknochen wurden nur wenige gefunden. Unter den Resten lässt sich ein reichhaltiges Wildbret aus Wildpferd, Rentier, Eierschalen und Fischen bestimmen. Eine Steinsetzung am Rand einer muldenförmig eingetieften Feuerstelle wird als Rest eines Räucherzeltes interpretiert. Zwar war man im Innern des Abri vor dem Wetter geschützt, aber bei zeitgleicher Nutzung der großen Höhle ist eher an ein zeitweiliges Außenlager zu denken.

Tipp

Die Bärentalhöhle in Hütten war eine Nachbarsiedlung zum Helga-Abri. In 1,6 Meter Tiefe stieß Gustav Riek 1931 auf die Hinterlassenschaften von Menschen, die vor 13 000 bis 11 000 Jahren in dem Tal gelebt hatten. In dieser Zeit hinterließen sie eine 40 Zentimeter dicke Bodenschicht mit vielen angebrannten Knochenstücken. Die heute auf 28 Meter leicht begehbare Höhle hat eine Länge von mindestens 400 Metern.

EISZEITPARK BRUDERTAL ENGEN
Die Falle der Rentierjäger

Lage
Der Eiszeitpark mit der Gnirshöhle und dem Petersfels liegt im Brudertal rund ein Kilometer östlich der Anschlussstelle Engen an der Autobahn 81 (Landkreis Konstanz).

Erreichbarkeit
Das zwei Kilometer lange urtümliche Brudertal an der Nahtstelle zwischen Alb und Schwarzwald ist über die A 81 bequem zu erreichen. Kurz nach der Abfahrt Richtung Engen auf die Bundesstraße 31 liegt rechts ein Wanderparkplatz an der Autobahnbrücke. Nach rund einem Kilometer gelangt man in den Eiszeitpark (ganzjährig frei zugänglich). Etwa 200 Meter nordöstlich der Petersfels-Höhle liegt 20 Meter über dem Talgrund der (vergitterte) Eingang zur Gnirshöhle. www.engen.de

Der Petersfels ist nicht nur eine der ergiebigsten steinzeitlichen Fundstätten in ganz Europa – in dem trocken gefallenen Brudertal trifft man dieselbe Vegetation wie bei der Entstehung vor etwa 22 000 Jahren an. Damals lag die Temperatur im Schnitt bei minus drei Grad, zehn Grad kälter als im heutigen Mittel. Im Umfeld der Fundstätte, wo

vor 11 800 bis 13 000 Jahren Jäger lagerten, wachsen Pflanzen, die es bereits gab, als hier große Rentierherden gen Norden durchzogen. An der 40 Meter breiten Engstelle des sich von Osten nach Westen erstreckenden, von Kalkfelsen gesäumten Tales, lagen die Jäger auf der Lauer.

Der Ausgräber Eduard Peters war 1927 auf zwei Höhlen gestoßen: die nach ihrem Besitzer benannte 37 Meter lange Gnirshöhle und die später nach ihm selbst benannte, 10 x 6 Meter große Höhle im Petersfels. Umfangreiche Grabungen brachten die Beutereste der Jäger zutage: Sie türmten sich zu einem 1,5 Tonnen schweren Knochenhaufen auf. Dazu kommt eine unglaubliche Menge an Werkzeugen: etwa 100 000 Feuersteinteile mit mehreren Millionen Abschlagresten, allein 50 000 rund 3 Zentimeter große Schneidemesser, 4500 Kratzer, fast 3500 Stichel und über 6000 Bohrer. Zudem wurden etwa 1000 Geweih- und Knochenspitzen entdeckt, die als Jagdwaffen (Harpunen) zum Einsatz kamen.

Bedeutend ist der Fund der berühmten „Venus vom Petersfels", einer stilisierten, nur 3 Zentimeter kleinen Frauenfigur aus Gagat sowie 16 weiterer Frauenstatuetten. Sie sind typisch für die Kulturstufe des Magdalénien.

Den Archäologen der Universität Tübingen folgten Archäobotaniker: der Wald über dem Petersfels wurde gerodet. An seiner Stelle und in einem angelegten Moor wurde die Vegetation einer Steppentundra rekonstruiert und 2003 als „Eiszeitpark" eröffnet.

Tipp

Das städtische Museum Engen im ehemaligen Kloster St. Wolfgang zeigt die berühmten Funde vom Petersfels in einer umfangreichen und aufwendig in Szene gesetzten Dauerausstellung.
Öffnungszeiten:
Dienstag bis Freitag, 14 bis 17 Uhr; Samstag/Sonntag, 10 bis 17 Uhr.
Telefon 0 73 33/50 14 00
www.engen.de

KESSLERLOCH THAYINGEN
Vom Wolf zum Haushund

Lage
Die Kesslerloch-Höhle liegt am westlichen Ortsrand der schweizerischen Grenzgemeinde Thayingen wenige Kilometer vor Schaffhausen.

Erreichbarkeit
Die Höhle (mit Grillplatz) liegt etwa 500 Meter westlich des Bahnhofs Thayingen zwischen einem Steinbruch und der Bahnlinie. Vom Bahnhof gelangt man entlang der Kesslerlochstraße, parallel zur Bahnlinie Richtung Schaffhausen, direkt zur Höhle. Alternativ gelangt man über einen Fußpfad von einem Parkplatz an der Nationalstraße 15 abwärts direkt zur Höhle. www.thayingen.ch

Der Hund begleitet den Menschen seit Jahrtausenden. Wann unsere Vorfahren damit begannen, Wölfe zu zähmen, war bis vor wenigen Jahren umstritten. DNA-Analysen belegen nun: Den Haushund gibt es seit 15 000 Jahren. Die Domestikation hat gleichzeitig in Südostasien und in Europa begonnen – und ver-

mischte sich, als vor 5000 Jahren massenhaft Reiternomaden donauaufwärts die Alb erreichten und es mit der Bronzezeit zu großen kulturellen Umbrüchen kam.

Die erste Spur zum Haushund führt auf die Schweizer Seite der Schwäbischen Alb. Am Grenzort Thayingen wurde in der Kesslerloch-Höhle der Schädel eines Hundes gefunden, etwa 14 600 Jahre alt, und damit europaweit der älteste Nachweis für eine Wolfszähmung. Überhaupt ist diese 200 Quadratmeter große Höhle eine der großen eiszeitlichen Fundstellen. Über 17 000 Jahre alte Kleinkunst, vor allem die Gravierung auf einem Rentiergeweih, Figurinen, Schmuckstücke aus Muscheln, Tierzähnen und Schnecken haben das Kesslerloch berühmt gemacht. Mehr als 200

Geschossspitzen aus Geweih wurden entdeckt, aber auch Speerschleuder-Hakenenden – eine innovative Jagdwaffe.

Unter den unglaublich vielen Tierknochen (rund 42 500 sind ausgewertet) überwiegen die des ausgewachsenen Schneehasen vor dem Rentier. Darin spiegelt sich der Klimawechsel wider, denn Jahrhunderte lang standen Mammut und Wildpferd auf der Speiseliste. Das Kesslerloch wurde offenbar gezielt im Frühling zur Hasenjagd aufgesucht, wenn die Tiere zur Paarung aus der Deckung kamen. Der Name leitet sich von umherziehenden Handwerkern (Jenische) ab, die in der Höhle campierten und dort Töpfe und Kessel flickten.

Tipp

Im 6000 Quadratmeter großen Museum des ehemaligen Klosters Allerheiligen in der Stadtmitte von Schaffhausen (10 Minuten vom Bahnhof) gibt es in der archäologischen Dauerausstellung nicht nur die wichtigsten Fundstücke der Höhle zu sehen, sondern auch das berühmte Kesslerloch-Diorama. Es gibt vertiefende Einblicke in die Zeit der Rentierjäger am Fuße der Schweizer Alb. Weitere Fundstücke im Landesmuseum Zürich und Rosengartenmuseum Konstanz.

Öffnungszeiten Kloster Allerheiligen: täglich außer montags, 11 bis 17 Uhr. www.allerheiligen.ch

SCHMIECHENFELS / HOHLER FELS
Innovation am Ende der Altsteinzeit

Lage

Die Höhle Schmiechenfels liegt rund 1 Kilometer westlich von Schelklingen-Schmiechen am Südhang des Schmiechentals (Alb-Donau-Kreis). Der Hohle Fels liegt am westlichen Ortausgang vom Nachbarort Hütten.

Erreichbarkeit

Vom Rathaus (Wanderinfotafel) in Schmiechen auf dem Radweg Richtung Hütten (Hohle Fels). Etwa 200 Meter nach dem Ortsende führt ein geschotterter Forstweg am Waldrand entlang auf die Hochfläche. In der ersten Kehre zweigt ein schmaler, 30 Meter langer Pfad nach rechts zum Schmiechenfels ab (Schild „Hohlenstein"). Die Höhle ist frei zugänglich. www.schelklingen.de/stadtteile

Vor 14000 Jahren kommt Bewegung in die seit 5000 Jahren bewährte Jäger- und Sammlergemeinschaft. Am Ende der Kulturstufe des Magdalénien bringen Migranten über bestehende Wegenetze, wohl entlang von Flüssen, innovative Ideen mit. Geänderte Umweltbedingungen dürften den Ausschlag dafür gegeben haben. Die wichtigste Neuerung

ist ein aus Feuerstein gefertigtes Federmesser. Es besteht aus einer Klinge, deren Längsseite nach außen gewölbt wurde. Mit den geraden Längskanten konnte man zwei Messer in einen hölzernen Pfeilschaft einkleben (mittels Birkenpech). Diese Rückenspitz-Form prägte die dann für 2500 Jahre vorherrschende Kultur des Azilien (benannt nach einem Fundort an der Grenze zu Andorra).

Aus dieser Übergangsphase stammen die Funde in der Schmiechenfels-Höhle, benannt nach dem 40 Meter unterhalb verlaufenden Flüsschen. Hinter dem 3,80 x 3,90 Meter großen Eingang liegt eine 5,60 Meter tiefe Höhlung. Im Sommer 1906 stießen Ausgräber auf die Knochenreste der Jäger: sowohl von Wildpferd, Ren und Schneehase aus der Kaltzeit, aber auch von Rothirsch und Fuchs aus der Warmzeit. Besonders vielfältig erwies sich die Vogelfauna mit Moor- und Alpen-Schneehuhn, Schneehuhn, Reb- und Auerhuhn sowie Enten. Unter den Steinwerkzeugen dominieren Stichel, Bohrer, retuschierte Klingen, Endretuschen und Rückspitzen. Besonders häufig sind Rückenmesser, die starke Abnutzungsspuren zeigen. Auffallend viele Einzelstücke aus ortsfremdem Rohmaterial deuten auf ein sporadisch aufgesuchtes Jagdlager hin.

Tipp

Auch in dem sich flussaufwärts ebenfalls auf der Südseite öffnenden Hohlen Fels bei Hütten hatten Jäger des Spätmagdalénien seit Tausenden von Jahren einen idealen Ansitz auf die durchs Tal ziehenden Tierherden. In der gesamten, 5 Meter großen Höhle fanden sich neben Steingeräten die Überreste von Edelhirsch, Wildschwein und dem noch nicht nach Norden abgewanderten Ren. In einer unteren Schicht dokumentieren 220 einfachere Steinwerkzeuge, dass das Wildbret mit Eisfuchs, Schneehase und Steinbock aus einer kälteren Zeit stammt. Von Hütten gelangt man auf dem Radweg Richtung Schmiechen nach 400 Meter unterhalb der 10 Meter oberhalb liegenden, frei zugänglichen Höhle.
www.urmu.de

Nacheiszeit

HOHLENSTEIN LONETAL
Rätselhafte Kopfbestattungen

Lage

Die Bärenhöhle, das Kleine Scheuerle und die Stadelhöhle im Hohlenstein-Komplex liegen 2,5 Kilometer nordwestlich von Asselfingen (Alb-Donau-Kreis), am bewaldeten Südrand des Lonetals. Benachbart sind die Bocksteinhöhlen und die Vogelherdhöhle (Archäopark).

Erreichbarkeit

Die Wege zu den Hohlenstein-Höhlen sind im Kapitel 14 beschrieben (Stadelhöhle). Die Höhlen sind zum Schutze der Fledermäuse vergittert.

Mensch, Mammut und Höhlenbär als Nachbarn? Noch bis vor 150 Jahren galt diese Vorstellung als abwegig. Bis dahin gab es in Südwestdeutschland aber auch keine urgeschichtlichen Grabungen. Erst die Arbeiten des Paläontologen Oscar Fraas am Felsmassiv des Hohlenstein im Lonetal erbrachten 1866 den Beweis, dass Homo sapiens und Höhlenbär in der Eiszeit

zeitgleich lebten. Im Hohlenstein liegen – getrennt durch das Felsschutzdach der Kleinen Scheuer – die Stadelhöhle (vgl. Kapitel 14) und die mit 89 Meter rund 20 Meter längere Bärenhöhle. Sie erhielt ihren Namen durch die Funde Fraas' von 10 000, meist von Bären stammenden Knochen. Darunter 88 Schädel; insgesamt von etwa 400 Tieren, auch Überreste von Wildpferd, Mammut, Bison, Rothirsch und Rentier.

Weitaus spektakulärer waren die Funde von drei abgetrennten Schädeln einer Familie aus dem siebten Jahrtausend vor Christus. Die Köpfe stammen von einem 20- bis 30-jährigen Mann und einer gleichaltrigen Frau sowie einem zwei Jahre alten Kind, die erschlagen worden sind. Ihre Schädel wurden in einer 70 Zentimeter tiefen Grube am Höhleneingang des Stadel (auf einem Steinpflaster deponiert), mit Blickrichtung in den Felseneingang aufgefunden. Beim Schädel der Frau lag eine Kette aus Zähnen des karpfenähnlichen Perlfisches (ausgestellt im Ulmer Museum). Die Fundumstände lassen darauf schließen, dass die Getöteten Bestandteil eines kultisch-religiösen Ritus waren.

Ein weiterer unscheinbarer, aber sehr bedeutender Fund wurde 1923 im etwa 10 Meter langen und 8 Meter tiefen Scheuerle zwischen Essensresten von Schneehase, Eisfuchs und Ren gemacht. In der Schicht der jüngeren Altsteinzeit (vor 20 000 bis 14 000 Jahren) kam ein mit roten Punkten künstlich verzierter Kieselstein zutage. Er gilt als eines der seltenen Zeugnisse der Eiszeit-Malerei. Es gibt bis-

her nur sieben bemalte Steinfunde (Geißenklösterle und Hohle Fels; Achtal). Wodurch der Hohlenstein zweifelsohne auch zum UNESCO-Weltkulturerbe gerechnet werden muss.

Tipp

Im Gebäude des ehemaligen Wallfahrtsortes Rammingen-Lindenau, (Ausgangspunkt zum zwei Kilometer entfernten Hohlenstein), ist die Geopark-Infostelle Lonetal beheimatet (Schauraum). Geöffnet von April bis Oktober dienstags bis sonntags, 10 bis 18 Uhr, Eintritt frei. www.lonetal.net
Das historische „Schlößle Lindenau" ist eine beliebte Ausflugsgaststätte mit rustikal-schwäbischer Küche. www.ausflug-lindenau.de

FOHLENHAUS LONETAL
Jagdplatz am Ende der Eiszeit

Lage
Die Fohlenhaus-Höhlen liegen nördlich von Bernstadt (Alb-Donau-Kreis), rund zwei Kilometer von einem Wanderparkplatz entfernt, am nördlichen Lonetal-Ufer.

Erreichbarkeit
Von Bernstadt auf der Kreisstraße 7303 Richtung Neenstetten. Am Ortsende Bernstadt in einer Linkskurve geradeaus weiter, nach 100 Metern die rechts hinab ins Lonetal führende Straße nach 1,5 Kilometer zum Wanderparkplatz Salzbühl. An der Brücke biegt ein landwirtschaftlicher Weg durchs Tal südlich entlang der Lone nach Osten zu den beiden Fohlenhaus-Höhlen (Grillhütte, Infotafeln). Bereits an der Parkplatz-Brücke liegt die Salzbühlhöhle. Alternativ gibt es einen naturbelassenen Wanderpfad nördlich des Flusses.

Mit Fantasie erkennt man von Weitem in der Formation dieses Jahrmillionen alten Kalkfelsens die Umrisse eines Fohlen. Zwei nebeneinander liegende Höhlen bilden das Fohlenhaus. Im Vergleich zu seinen Nachbarhöhlen hat diese späteiszeitliche Fundstätte zwar keine Superlative zu bieten, aber dafür eine Besonderheit. Die wichtigsten Hinterlassenschaften stammen wohl von Jägern, die am Ende der Eiszeit in dieser Talschleife ein ideales Revier vorgefunden hatten. Noch heute fließt der kleine glasklare Fluss unbegradigt durch die blühenden Wiesen, in denen Spaziergänger das Wild beim Äsen beobachten können.

Der Vorplatz und die beiden Eingänge sind zur Lone hin nach Südwesten orientiert. Die untere Höhlenöffnung ist 7 Meter breit, 2,5 Meter hoch und erstreckt sich 7,5 Meter in den Felsen. Zahlreiche Mikrolithen (Kleinstgeräte aus Kiesel, Feuerstein und Quarz – meist Pfeilspitzen) fanden sich hier. Auch aus Feuerstein gefertigte Federmesser. Dieser Typ besteht aus einer Klinge, deren eine Längsseite gebogen worden ist. Die Höhle war demnach erstmals in der ausgehenden Altsteinzeit bewohnt.

Der Eingang der oberen Höhle ist 5 x 4 Meter groß, bei einer Tiefe von 10 Metern. Hier gab es Scherbenfunde aus der römischen Zeit. Aber auch eiszeitliche Knochen. Neben warmzeitlichen Tieren wie Rothirsch, Reh, Bär und Rotfuchs war auch das Wildpferd als Steppentier im Fundgut vertreten.

Tipp

Die Salzbühlhöhle, mit ihrer zur Talseite hin geöffneten, hochwassergefährdeten Halle, ist nur wenige Meter tief, aber sehr hoch. Sie bot sich aber als Eiszeit-Rastlager an. Bisher gibt es nur Grabungen eines Oberförsters aus dem Jahr 1890. Sein Interesse hatte nur dem oberen Höhlenschutt gegolten; immerhin fand er das Schlüsselbein eines Höhlenbären und jungsteinzeitliche Scherbenreste.

Unscheinbar verbergen sich direkt auf dem Salzbühl die Gräben und Wälle einer um 1300 zerstörten Burganlage der Herren von Bernstadt. Auch gegenüber den Fohlenhaus-Höhlen liegt eine ehemalige Burg der Bernstädter: Auf dem niedrigen Höhenrücken „Brand" an der Lone führt der Wanderweg durch die einstige Burg „Schlössle"; ebenfalls um 1300 nach gut 150 Jahren zerstört. www.bernstadt-wuertt.de

OFNETHÖHLEN RIESALB
Grausiger Schädelkult

Lage
Die zwei Ofnethöhlen liegen auf der Riesalb, dem Übergang zum Nördlinger Ries; am Südwesthang des Riegelberges, rund zwei Kilometer südlich von Nördlingen-Holheim.

Erreichbarkeit
Auf der Bundesstraße 466 von Neresheim (Kreis Heidenheim) Richtung Nördlingen. Kurz nach der bayerischen Grenze gibt es rechts eine Abzweigung nach Ederheim. An dieser Kreuzung gelangt man links dem Schild Geotop „Ofnethöhlen" folgend nach 700 Metern zum Parkplatz bei den Grundmauern eines römischen Gutshofs. Von dort sind es 10 Minuten zu Fuß. www.riesbuerg.de

Es sind 33 Schädel. Platziert wie Eier in zwei Nestern. So drapiert, dass sie aus dem Eingang der großen Ofnethöhle nach Westen schauen. Die untergehende Sonne wirft ihre letzten Strahlen in die 8 Meter große Eingangshalle, von der zwei Gänge abzweigen, ehe die Schädelnester in die Dunkelheit getaucht werden.

Die Entdeckung des Tübinger Forschers Robert Rudolf Schmidt sorgte 1908 für Entsetzen: 19 Kinder-, 10 Frauen- und vier Männer-

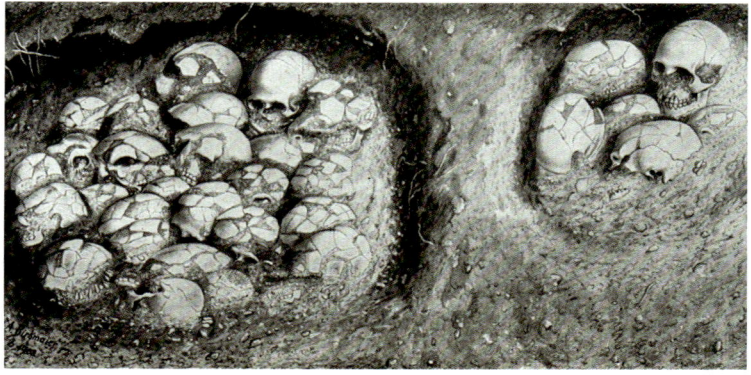

schädel, allesamt mit Haut und Haar kurz zuvor von den Rümpfen getrennt. Unweit davon in Mulden Reste von Unterkiefern und Halswirbeln. Auf sechs der Schädel war so kräftig eingeschlagen worden, dass die Knochen brachen. Nach Ansicht des Anthropologen David W. Frayer (University Kansas) hat hier auf der Riesalb am Fuße des 2000 Meter langen Riegelberges vor rund 9700 Jahren ein Massaker gewütet. Die Überzahl der Frauen- und Kinderschädel deute darauf hin, dass eine feindliche Gruppe die Ofneter überfallen habe, als die Männer nicht im Lager waren.

Auf den zweiten Blick wird diese These aber relativiert: In die Schädelhaufen war ein Gemenge aus Eisenocker und Ton eingestreut worden. Beigaben der Naturfarbe Rötel finden sich häufig in Gräbern von Steinzeitmenschen. Hinzu kommt, dass den Schädeln 415 Hirschzähne und 4250 Genäuse von durchbohrten Schmuckschnecken beigegeben worden sind. Zumindest die Bestattung war also ein Akt, den man mit gewisser Sorgfalt durchgeführt hatte. Ob dem eine rituelle Opferung oder gar Kannibalismus vorausging, bleibt ein ungelöstes Rätsel.

Tipp

Im Felsmassiv des Hohlenstein (vgl. Kapitel 28) gibt es eine wichtige Parallele zur Ofnet-Kopfbestattung. In einer flachen Grube am Eingang der Stadelhöhle kam 1937 eine „Knochentrümmerstätte" zum Vorschein. Über tausend Skelettreste von mindestens 54 Menschen, der Großteil Kinder, lagen vermischt mit zerschlagenen Knochen von Pferden, Ziegen und Wildschweinen und Keramikscherben, überdeckt von einer Ascheschicht. Sie datieren in die Jungsteinzeit um 4000 vor Christus. Aufgrund der Schnittspuren an den Knochen als Beleg für Kannibalismus interpretiert, ist man heute der Meinung, es mit einer Sekundärbestattung zu tun zu haben.
www.ulm.de/kultur

JÄGERHAUSHÖHLE DONAUTAL
Gamsbraten mit Bärlauchgemüse

Lage

Im Felsen unterhalb des Schlosses Bronnen (Landkreis Tuttlingen) liegt auf der südlichen Seite des Donautals oberhalb des Ausflugslokals Jägerhaus (615 Meter) die Jägerhaushöhle (690 Meter).

Erreichbarkeit

Vom Donautal in Beuron auf der Kreisstraße 8278 hoch Richtung Buchheim. Nach der Abzweigung nach Leibertingen bietet sich rechts an der (gesperrten) Zufahrt zum Hofgut Schloss Bronnen eine Parkmöglichkeit an. Die Straße führt nach 800 m in die Hofmitte. Hier geht es rechts auf einem 800 Meter langen Weg zunächst über die Hochfläche, abwärts Richtung Jägerhaus. Auf halber Strecke wird ein Felsband durchschritten, hier liegt am Weg die Jägerhaushöhle (690 m). Alternativ: Von Fridingen den Donau-Wanderweg bis zum Jägerhaus, dann aufwärts zur Höhle.

Das Ende der Eiszeit vor 11 600 Jahren bringt epochale Veränderungen. Die Menschen müssen sich den neuen Umweltbedingungen anpassen und den Speiseplan umstellen: Gejagt werden Rothirsch, Reh, Hase, Rotfuchs und Wildschwein – und als Spezialität im Donautal die

Gams und der Biber. Dazu kamen Karpfenfische und Flussmuscheln. Das Sammeln von Nahrung nimmt größeren Raum ein. In der Jägerhaushöhle entdeckte der Ausgräber Wolfgang Taute 1967 Hunderte von verkohlten Haselnuss-Schalen. Die Nüsse wurden durch Rösten haltbar gemacht; Viele Bärlauch- und Schildampfer-Pollenreste belegen, dass diese Wildgemüsesorten damals begehrt waren. Steinzeit-Forscher bekommen leuchtende Augen, wenn von der 11 x 10 Meter großen Höhle nahe Beuron die Rede ist. Nirgends sonst gelang es, diese rund 2500 Jahre andauernde Epoche am Übergang von der älteren in die jüngere Mittelsteinzeit an einem einzigen Ort zu dokumentieren.

Die Jägerhaushöhle gab einer ganzen Kulturstufe der europäischen Menschheitsgeschichte ihren Namen: Beuronien. Das schmerzt noch heute die Fridinger, denn die Höhle liegt eigentlich auf ihrer Markung.

Grabungen brachten aus vier Meter dicken schwarzgrauen Ablagerungen zehn verschiedene Schichten zutage. Damit konnte vor allem die Weiterentwicklung von Werkzeugen und Jagdwaffen dokumentiert werden. Auffällig ist eine Zunahme von trapezförmigen Pfeilspitzen: Das Projektil dringt nicht mehr so tief in das Beutetier ein, verursacht dafür eine größere Wunde.

Tipp

Im Zentrum des autofreien Naturparks Obere Donau liegt die Wanderraststätte „Jägerhaus" mit Kiosk. Spezialität der Familie Stehle sind – in nacheiszeitlicher Jäger-Traditon – heimische Wildgerichte. Es gibt aber natürlich auch Kaffeetafel und Vesperbrett. Täglich ab 11 Uhr geöffnet (montags und dienstags Ruhetag).
www.jaegerhaus.de

STEINERNES HAUS WESTERHEIM
Als Bauern noch
in Höhlen wohnten

Lage

Das Steinerne Haus ist eine Wohnhöhle, rund 200 Meter von dem bekannten Geopoint Schertelshöhle entfernt, 3,5 Kilometer nördlich von Westerheim (Alb-Donau-Kreis).

Erreichbarkeit

Am Ortsende Westheim auf der Landesstraße 1236 in Richtung Wiesensteig. Links der Beschilderung Schertelshöhle folgend zum Wanderparkplatz. Von dort nach 200 Metern zur Schauhöhle. Beide Höhlen sind im Winterhalbjahr geschlossen.

Am Ende der Eiszeit vor 7600 Jahren schwappte eine Einwanderungswelle das Donautal aufwärts, die die Lebensweise der ansässigen Bevölkerung völlig auf den Kopf stellte. Das Fachmagazin Science berichtete 2013 über eine Genstudie, die belegt, dass der Wandel von der jagenden und sammelnden

Lebensweise zur sesshaften und produzierenden Bedarfswirtschaft mit einem deutlichen Bevölkerungsbruch verbunden war. Die Jungsteinzeit (Neolithikum) hatte sich über die Ägäis ausgebreitet und erreichte mit der 500 Jahre andauernden Kultur der Bandkeramiker, (benannt nach der Linienförmigkeit ihrer als Neuheit mitgebrachten Keramik) zunächst die fruchtbaren Ackerböden im Albvorland. Die eingewanderten Bauern verdrängten mit der Einführung von Landwirtschaft, Viehzucht und dem dauerhaften Siedlungsbau die ansässige Bevölkerung. Auf der bewaldeten Alb errichteten die Kolonisten offenbar nur versprengte Pioniersiedlungen. Nahezu der einzige nachweisliche

Ort, wo Migranten und Höhlenbewohner zusammenkamen, ist das Steinerne Haus.

Hinter dem prachtvollen 4 x 7 Meter großen Eingang verbirgt sich eine 80 Meter lange Wohnhöhle. Hier wurden in den 1930er-Jahren typische bandkeramische Scherben entdeckt: graue, bauchige Schüsseln mit ausbiegendem Rand. Der umfangreiche Keramikkomplex steht für ein variantenreiches Geschirrensemble, wie man es von einem Haushalt erwartet.

Tipp

Die 212 Meter lange Schertelshöhle ist eine der schönsten Schauhöhlen der Alb. Die mit märchenhaften Tropfsteinen und Sinterbildungen geschmückte Höhle ist seit 1953 elektrisch beleuchtet. Ein Gasthaus wurde 1960 gebaut. Von Mai bis Oktober ist die 9 Grad warme Höhle täglich von 9 bis 17 Uhr zugänglich. Den Namen hat sie von einem Freiherrn von Schertel, dessen Hund bei der Verfolgung eines Feldhasen in einer Erdspalte verschwand. www.schertelshöhle.de

BANDFELS BEI LEIBERTINGEN
Abgeriegelter Sporn

Lage
Der Bandfels liegt am südlichen Steilhang des Donautals, rund 400 Meter Luftlinie nördlich der Burg Wildenstein und rund 2,1 Kilometer nordwestlich von Leibertingen (Landkreis Sigmaringen).

Erreichbarkeit
Von Beuron hoch nach Kreenheinstetten. Hier rechts über die Kreisstraße 8216 Richtung Leibertingen. Rund 500 Meter vor Ortsbeginn, vor einer scharfen Linkskurve biegt rechts, vor einem Waldstreifen, ein lang gezogener Feldweg nach Norden ab. Er führt nach 500 Metern in den Wald und geht 250 Meter gradlinig weiter, ehe er nach Osten abknickt. An dieser Stelle folgt man dem geradeaus weiterführenden Waldweg (ausgeschildert) rund 300 Meter bis zum spektakulären Aussichtspunkt Bandfelsen (800 Höhenmeter) mit Blick auf die Wildensteinburgen. www.leibertingen.de

In den 4800er-Jahren vor Christus kommt die alte Ordnung mal wieder in Bewegung. Eine neue regionale Bevölkerungsgruppe sticht aus dem Fundgut dieser Zeit hervor. Mit der neuen, nach einer Fundstelle bei Heilbronn benannten Kulturstufe der Großgartacher bilden sich einerseits neue Keramikformen heraus: Töpfe sind nun aufwendiger mit der Ziertechnik des Doppelstichs geschmückt, der zu Bändern und Girlanden gereiht als Füllmotiv die Oberfläche des Geschirrs aufwertet. Die Clans wollten sich vermutlich von ihren Nachbarn abheben, (vergleichbar mit der neuzeitlichen Trachtenmode).

Die rund 200 Jahre dauernde Großgartacher-Zeit war durch den schiffsförmigen Langhäuser-Bau gekennzeichnet (bis zu 65 Meter lang). Im Innenraum verzichtete man auf teilende Pfosten, der Eingang lag an der schmalsten Frontseite im Nordwesten. Die mit Lehm bestrichenen Wände waren erstmals „geflechtet" (der Begriff Wand kommt von winden [flechten]).
In den bekannten Gräberfeldern waren die Toten in gestreckter Rückenlage beerdigt und erhielten einfachen Schmuck wie fossile Schnecken und manchmal eine kleine Wegzehrung mit ins Grab. Von alldem ist auf der Albhochflä-

che noch nichts entdeckt worden. Einzig auf dem Bandfelsen gibt es indirekte Nachweise auf Menschen aus dieser Zeit: Man fand mit Doppelstich verzierte Keramik in einer kleinen Grotte am Westhang des Felsens. Ob hier eine Siedlung oder eine Kultstätte lag, ist schwer zu sagen. Der nach Westen weisende Bergsporn ist 100 Meter vor der Spitze durch einen 34 Meter langen Wall abgeteilt, durch den der neuzeitliche Wanderweg führt. Dadurch wird eine Fläche von 0,4 Hektar abgegrenzt; sei es von der profanen Umwelt oder als Schutz einer Höhensiedlung. Der ursprüngliche Zugang dürfte zwischen dem südlichen Wallende und der Schlucht gelegen haben.

Tipp

Wenige Hundert Meter vor dem Aussichtspunkt Bandfelsen quert der Waldweg eine große gerodete Lichtung. Die Fläche und der angrenzende Wald sind mit merkwürdigen Steinhügeln übersät. Die Riegel haben mitunter mehrere Meter Durchmesser, sind dann aber auch nur so klein wie Ameisenhaufen. Die großen Anhäufungen am Rande könnte man zwar als Lesestein-Ansammlungen einer früheren Ackerbewirtschaftung der Hochfläche ansehen. Die punktuelle Verteilung über ein Fußballfeld großes Gebiet widerspricht dem aber. Wahrscheinlich handelt es sich um ein großes Brandbestattungsfeld aus der mittleren Bronzezeit an einem „Totenweg": Das Gewann „Bandsteig" liegt an einem alten Aufstieg aus dem Donautal (vgl. Kapitel 45, Risiberg).

SOMMERKIRCHHÖHLE MELCHINGEN
Flucht vor der Dürre

Lage
Die Sommerkirchhöhle liegt 1,2 Kilometer östlich der Kirche von Burladingen-Melchingen (Zollernalbkreis).

Erreichbarkeit
Von Willmandingen/Talheim kommend in die Ortsmitte und an der ersten Kreuzung links ortsauswärts zum Wanderparkplatz an der Lauchert-Quelle. Von hier führt ein Sträßchen nach 1,2 Kilometer zum Grillplatz bei der Sommerkirchhöhle, westlich liegt die Burgruine Hohenmelchingen.

Feucht war es vor 6600 Jahren, wenn man die meist exponierten Lagen der bekannten Siedlungen jener Epoche vergleicht: Es ist die Zeit der Rössener Kultur; namensgebend war ein Gräberfeld in Sachsen-Anhalt, in dem typische Gefäßformen wie hohe Schüsseln mit Standfuß, Kugelbecher, Zipfelschalen und Schiffchengefäße geborgen wurden. Doch dann bleibt der Regen aus und eine Trockenzeit beginnt. Die Klimakatastrophe zwingt diese Ackerbauern die Hungergebiete des Neckarlandes zu verlassen. Die Fundstellen brechen hier schlagartig ab. Auf ihrem Zug an die oberschwäbischen Seen, wo ihre völlig neuartigen Siedlungsspuren bei Ausgrabungen wieder zutage kommen, mussten die Rössener die Alb überqueren. In einigen Höhlen belegen Keramikfunde die Anwesenheit der Bauern. Beispielsweise im Hohlestein und der Bocksteinhöhle im Lonetal, in der Barnberger Höhle bei Neuffen, den Grotten des Locherstein bei Honau oder in der Bärenhöhle bei Erpfingen.

Man kann die Fundstellen als Rast- oder Übergangsplätze deuten, zumal sie in für den Ackerbau wenig geeigneter Umgebung liegen. Manche Höhle mag länger als Unterschlupf gedient haben, so wie die Sommerkirchhöhle unweit mehrerer kleiner Quellen und der benachbarten Lauchertal-Ebene. Eine Grabung brachte 1942 die (kriegsbedingt verschollenen) Scherben von gebauchten Gefäßen zum Vorschein. Überdies Kulturschichten vom Beginn der Menschheit bis zum Mittelalter. Dem 3 x 8 Meter breiten Eingangsportal folgt eine sich 3 bis 5 Meter horizontal in den Kalkfels erstreckende trockene geräumige Nische. Die ist natürlich nicht vergleichbar mit den für die Rössner nachgewiesenen bis zu 65 Meter großen schiffsförmigen Langhäusern, in denen wohl mehrere Kleingruppen lebten. Die Sommerkirchhöhle, zu fast allen Zeiten von Menschen aufgesucht, hat ihren Namen von im Mittelalter gemachten (Knochen-)Funden, die als Nachweis von „Götzendienster" angesehen wurden.

Tipp

500 Meter westlich liegt die im 12. Jahrhundert erbaute Burg Hohenmelchingen. Eine der größten und damit sehenswerten Ruinen der Umgebung mit wechselvoller Geschichte. Seit 1580 ist sie verlassen, 1984 wurde sie teilinstandgesetzt. Hugo von Melchingen war ein bekannter Söldner (Condottieri), der 1363 ruhmreich für norditalienische Städte gekämpft hat. Noch heute schmückt ein Schlachtengemälde mit seiner Abbildung den Saal des Palazzo Pubblico von Siena.

BERNLOCHHÖHLE TRUCHTELFINGEN
Grabstätte in der Felshöhle

Lage

Die Bernlochhöhle liegt auf der Hochfläche zwischen dem Albstadter Teilort Truchtelfingen und der Gemeinde Bitz (Zollernalbkreis).

Erreichbarkeit

Von Truchtelfingen über die Kreisstraße 7101 Richtung Bitz. Nach Erreichen der Hochfläche beim Schafhaus nach rechts auf den Wanderpark- und Grillplatz. Die Bernlochhöhle liegt in südöstlicher Richtung entfernt rund 1,2 Kilometer Luftlinie im nordöstlichen Hang einer Laubwaldinsel: Vom Parkplatz den rechten geschotterten, kurvigen Weg durch die Wacholderheide einschlagen und dann in das Wäldchen Bernloch hinein. Auf dem linken Forstweg am Ende des Buchenwaldes gelangt man nach 50 Metern links vom Weg zur Bernlochhöhle.

Während der Jungsteinzeit war Europa bereits ein Vielvölkergebilde, wenngleich in viel lockerer Streuung und ohne heute erkennbare Ordnung. In dem Wirrwarr dieser komplizierten Bevölkerungsentwicklung lässt sich eine Vielzahl von Kulturgruppen erkennen, die anhand ihrer materiellen Hinterlassenschaften archäologisch unterschieden werden können. Eine davon ist die Schwieberdinger Gruppe, benannt nach einer 6300 Jahre alten Siedlungsfundstelle im Kreis Ludwigsburg. Von dieser nur hundert Jahre dauernden Epoche gibt es kaum Funde, zu denen sowohl Keramik mit typischen Fenstermotiven, aber auch Pfeilspitzen aus Feuerstein gehören. Diese Menschen trieben Ackerbau und Viehzucht, erlegten aber auch Wild. Sie waren also eine Mischgruppe aus ansässigen Jägern und zugewanderten Bauern, während es zugleich auch noch beide Gruppen als Parallelgesellschaften gab. Die Bernlochhöhle, eine 5 Meter breite, 2 Meter hohe und 13 Meter lange Felsöffnung, war seit Anbeginn der Menschheit sporadisch aufgesucht worden. Offenbar auch von Jägern, die um 4300 vor Christus hier Station machten oder vielleicht auch von Bauern, die auf dem weitläufigen Degerfeld in noch nicht entdeckten Grubenhütten lebten und die Höhle als Lagerraum nutzen. Auf jeden Fall beweisen Keramikscherben (Heimatmuseum Ebingen)

die Anwesenheit dieser Jungsteinzeitmenschen. Etwas jünger (5500
Jahre alt) ist ein menschliches
Unterkieferfragment mit zwei intakten Zähnen, das bei Ausgrabungen im Mai 1940 entdeckt wurde.
In 70 Zentimeter Tiefe unter dem
Höhleneingang wurde überdies ein
menschliches Schädelbruchstück
entdeckt. Ob die Skelettteile zu einer Bestattungsstätte gehören, die
in der Höhle lag, oder ob Tiere sie
hier hingeschleppt haben, muss
wohl für immer ungeklärt bleiben.

Tipp

Das Degerfeld, die weitläufige Karst-
senke zwischen Fluggelände und Bitz,
zählt nicht nur zu den kältesten Orten
der Alb. Hier finden sich auffällig viele
Grabhügelgruppen. Nahe des Parkplat-
zes erhebt sich eine flache Felskuppe
(„Böllen") mit parkartigem Baumbe-
stand und vielen Dolomitsandgruben.
Im Bereich der Kuppe lagen mehrere
Grabhügel. Hier fanden sich Scherben.
Auch im Umfeld, wo die Siedlung vermutet wird, bringen Maulwürfe Keramikreste ans Tageslicht. Das Grabhügelfeld „Unter Wegen" liegt am vom
Parkplatz ostwärts führenden Teerweg.
Links und rechts liegen auf Höhe der
Aussiedlerhöfe acht verflachte keltische Grabhügel, einer davon mit einem
Strommasten in der Mitte. Der Premi-
umwanderweg Traufgang Wacholderhöhe quert dieses Gebiet.
www.traufgaenge.de/Wacholderhoehe

DREIFALTIGKEITSBERG SPAICHINGEN
Höchste Steinzeit-Siedlung

Lage
Der Dreifaltigkeitsberg mit seiner Wallfahrtskirche und Wallanlagen aus unterschiedlichen Epochen liegt zwei Kilometer östlich von Spaichingen (Landkreis Tuttlingen).

Erreichbarkeit
In der Stadtmitte zweigt die Dreifaltigkeitsstraße von der Bundesstraße 14 ab und führt in Serpentinen auf den 983 Meter hohen Bergausläufer zum Parkplatz. Der liegt, eingekeilt zwischen einem 150 Meter langen Außenwall (links) und einem mächtigen 165 Meter langen Hauptwall. Diese Anlage zum Schutz des 600 Meter langen Bergsporns stammt aus der Spätbronzezeit und wurde später immer wieder ausgebaut. Hingegen stammt der 430 Meter vom Hauptwall südlich und 170 Meter von der Spornspitze nördlich entfernte, stark verflachte 100 Meter lange Wall aus der Jungsteinzeit.

Sechstausend Jahre lang sahen sich Bronzezeitmenschen, Kelten oder Alamannen immer wieder bemüßigt, diesen Berg in seiner beherrschenden Lage über einer Nord-Süd-Passage mit Erdwällen, Gräben und Holzpalisaden zu sichern. Zuletzt erhöhten im 10. Jahrhundert unbekannte Adlige den Hauptwall und errichteten eine Burg mit Wallgraben an der entgegengesetzten Spornspitze des Baldenbergs – so hieß der Dreifaltigkeitsberg ursprünglich. Seinen heutigen Namen erhielt er, nachdem Mitte des 18. Jahrhunderts der aus dem Jahr 1320 stammende Kirchenbau erweitert worden war. Die erste Wallanlage legten Menschen der mittleren Jungsteinzeit an. Es ist neben der Limburg die einzige bekannte Anlage der sogenannten Michelsberger Kultur auf der Schwäbischen Alb. Zielführend hierbei sind die typischen Keramikfunde (eimerartige Töpfe mit Knubben oder Arkadenleisten unter dem Rand). Unter den Scherben finden sich aber auch Stücke aus den jüngeren Epochen der Pfyn-Gruppe und der Horgener Kultur. Der heute verflachte, leicht bogenförmige, rund 100 Meter lange Wall sicherte eine Fläche von 1,20 Hektar. Er war offenbar mit einer Holzpalisade gesichert, die abgebrannt ist; womöglich stammen auch die Randbefestigungen des Sporns aus der Jungsteinzeit. Die Michelsberger, nach einer Fundstätte auf dem Michaelsberg bei Bruchsal benannt, waren zwischen 4400 und 3700 vor Christus epocheprägend in einem Gebiet, das sie vom Pariser Becken ausgehend über Mitteldeutschland und das Voralpengebiet durchdrangen. Es war die Zeit, als neue Siedlungsräume erschlossen und die ersten Pfahlbauten errichtet wurden. Über die Lebensweise dieser Menschen, die imposante Erdwerke hinterließen, ist indessen nicht viel bekannt.

Tipp

Seit 1415 ist der imposante Berg ein Wallfahrtsort, nachdem der Konstanzer Bischof dort die erste Steinkapelle der Heiligen Dreieinigkeit weihte. Die 1767 erweiterte Kirche ist kulturhistorisch bedeutend, die Fernsicht zu den Alpen beeindruckend. Seit 1923 leitet eine brasilianische Missionarinnengemeinschaft der Claretiner den Wallfahrtsort (mit Gaststätte, montags und dienstags Ruhetag).
www.spaichingen-claretiner.de

FELSDACH LAUTERACH
Täglich fangfrischen Fisch

Lage
Die Felsüberdachung am Lautereck liegt 1,4 Kilometer südlich der Gemeinde
Lauterach (Alb-Donau-Kreis) unweit der Mündung der Lauter in die Donau.

Erreichbarkeit
Von Hayingen auf der Landesstraße 249 über Oberwilzingen Richtung
Rechtenstein. Zuvor an der großen Kreuzung nach links Richtung Reichenstein/
Lauterach abbiegen. Oder von der Bundesstraße 311 bei Untermarchtal auf die
L 231. In der Ortsmitte von Lauterach folgt man dem geschotterten Feldweg
zwischen der Lauter und seinem parallel verlaufenden Kanal durchs höhlenreiche
Tal nach Süden. Rund 150 Meter vor der Mündung, nahe der Pumpstation, liegt
links (östlich) direkt am Weg, 3 Meter über dem Talgrund, das unscheinbare
Felsdach.

Die Donau brachte sie zusammen: Entlang dieser europäischen Lebensader zogen zu allen Zeiten Menschen auf der Suche nach neuen Siedlungsgebieten oder Handelskontakten. Wo der Fluss zugleich die Südseite der Schwäbischen Alb markiert, trafen donauländische und westeuropäi-

sche Kulturtraditionen aufeinander. Aber auch Kontakte in den Norden und über die Alpen entstanden. Aus der Mixtur vieler Einflüsse bildeten sich kleinräumige Gruppen, die sich salopp gesagt der frühen Globalisierung entzogen und ihr eigenes „Ding" hochzogen.
Das bisher gemiedene Seengebiet im Alpenvorland wurde urbanisiert. Vor rund 6200 Jahren brachten die Träger der Aichbühler Gruppe (benannt nach dem Fundort beim Federseemoor) mit der Anlage ihrer Pfahlbautensiedlungen eine Innovation nach Oberschwaben. Man baute nicht mehr in gebührendem Abstand vom Ufer, sondern mit-

ten in die Grundfeuchte des Moores. Rund 200 Jahre lang waren die Aichbühler am Federsee federführend, ehe die nachfolgende Schussenrieder Kultur für neue Standards im Häuser- und Werkzeugbau sorgte.

Das Wasser war ihr Element. An der Mündung der Lauter in die Donau hatte sich eine Gruppe Fischer niedergelassen. In einem Felsdach am Talrand hinterließen sie Scherben mit unverkennbarem Muster einer aus Stichreihen zusammengesetzten Ornamentik. Weitere Scherben einer Ausgrabung von 1963 belegen, dass hier bereits die älteren Bandkeramiker Fische gefangen, Muscheln gesammelt und dem Hirsch nachgestellt hatten.

Die Aichbühler hinterließen wenige Abschläge und Klingen, aber mehrere durchbohrte Steine (Netzsenker), mit denen Fischfangnetze am Flussgrund befestigt wurden. Die gefundenen Holzkohlereste stammen aus der Zeit um 4190 und 3480 vor Christus (+/- 45 Jahre).

Tipp

Am Informationszentrum des Biosphärengebiets, ein Kilometer westlich von Lauterach bei der Laufenmühle, startet der 11,5 Kilometer lange Wasser-Erlebnispfad (Einstieg überall möglich). Er führt mit Thementafeln auch durch den höhlenreichen letzten Talabschnitt. Ebenso gelangt man von hier in wenigen Gehminuten ins Wolfstal und dort in die an vorgeschichtlichen Funden bedeutende Bärenhöhle.

www.gemeinde-lauterach.de

STEINZEITDORF BLAUSTEIN-EHRENSTEIN
UNESCO-Weltkulturerbestätte

Lage

Die Fundstellen des jungsteinzeitlichen Dorfes liegen im Süden des Blausteiner Stadtteils Ehrenstein (Alb-Donau-Kreis) zwischen der Bundesstraße 28 und beidseits der Blau sowie auf dem Höhenrücken des Löwenfelsen mitten in der Stadt.

Erreichbarkeit

Auf der B 28 von Blaubeuren Richtung Ulm. Am Ortsende zweigt an einem großen Kreisverkehr/Tankstelle links die Kurt-Mühlen-Straße ins Gewerbegebiet ab. Gleich hinter der Tankstelle/Parkplatz entsteht der Zugang zum UNESCO-Welterbe-Archäologiepark, direkt über den unter einer Lehmschicht konservierten Fundstätten. Die Höhensiedlung (Aussichtspunkt) auf dem weithin sichtbaren Löwenfelsen mitten im Stadtgebiet trug zuletzt die Burg Erichstein (Vorzeitfunde im Westhang). Von der Ostseite (Feuerwehrhaus/Schule) führt ein 150 Meter langer Fußweg auf die Höhe.

Ein Fundort mit lauter Superlativen: Das Steinzeitdorf Ehrenstein ist die nördlichste Pfahlbautensiedlung der sechs Alpenanrainerstaaten. Sie ist die Einzige, die auf der Alb und zudem an einem Fluss – der Blau – liegt, während alle 111 bisher bekannten weiteren Siedlungen an Seen errichtet wurden. Und: Sie gehört zu den besterhaltenen Feuchtbodenfundstellen. Überdies repräsentiert sie als Einzige auf der gesamten Welterbe-Liste „Prähistorische Pfahlbauten um die Alpen" die Schussenrieder Kultur (3950 bis 3840 vor Christus). Durch Zufall war man 1952 auf im Boden durch das Grundwasser sehr gut erhaltene Holzkonstruktionen gestoßen. Sie gehörten, wie sich in einer Nachgrabung 1960 herausstellte, zu insgesamt fast vierzig Holzhäusern (je 8 x 5 Meter) eines jungsteinzeitlichen Dorfes, das beidseits des Flüsschens Blau rund 120 Jahre lang bestanden hat. Das Dorf hatte eine Ausdehnung von 120 x 85 Meter. Die einzelnen Häuser waren durch eine Flechtwand in zwei Räume geteilt, hatten eine Herdstelle, einen Backofen und einen Vorplatz. Den Abfall entsorgten die Bewohner in den holzbelegten Gassen. Der zwei Meter hohe

Sedimentzuwachs zeigte, dass die Bauten alle 15 Jahre erneuert wurden.

Die Fundstelle spielt eine Schlüsselrolle zum Verständnis der bäuerlich geprägten „Schussenrieder Kultur", die sich über die Donau vom Osten kommend, die Schussen abwärts nach Süden vorschob. Die Menschen lebten von Ackerbau, hielten Rinder und Schweine und fischten. Die typische Keramik sind verzierte Henkelkrüge, die ohne Töpferscheibe hergestellt worden sind. Unter den Werkzeugen dominieren Silchelklingen und Steinbeile in Hirschgeweihfassungen. Der Löwenfelsen (rund 35 Zentimeter dicke Keramikfundschicht am Westhang) belegt menschliche Hinterlassenschaften von der Jungstein- bis in die Bronzezeit.

Tipp

Die bedeutende Fundstelle liegt rund einen Meter unter der Erde im konservierenden Grundwasser. Es wird im Archäologischen Park also keine freiliegenden Ausgrabungen zu sehen geben. Bis zur Fertigstellung des Parkmuseums ist im Rathaus Blaustein eine Dauerausstellung mit Fundstücken und Rekonstruktionen der Ausgrabungen von 1952/1960 zu sehen (betreut vom Ulmer Museum).

www.steinzeitdorf-ehrenstein.de

LOCHENSTEIN HAUSEN AM TANN
Am Anfang war das Kupfer

Lage

Der Lochenstein ist ein Berg am Albtrauf nördlich der Gemeinde Hausen am Tann, oberhalb des Balinger Stadtteils Weilstetten (Zollernalbkreis).

Erreichbarkeit

Von der Bundesstraße 463 von Balingen Richtung Albstadt. In Weilstetten auf die Landesstraße 440 Richtung Nusplingen abbiegen und die in Serpentinen auf die Albhochfläche führende Steige aufwärts. Auf der Passhöhe des Lochenstein liegt rechts ein großer Parkplatz. Von dem führt ein steiler Pfad auf das Hochplateau, dem Ort vorgeschichtlicher Höhensiedlungen (963 Höhenmeter, mit Aussichtspunkt).

Die Durchschnittstemperatur lag bis zu zwei Grad über der heutigen; auch die Schneegrenze in den Alpen lag höher. Um 3870 vor Christus veranlasste die seit zwei Jahrhunderten stetig zunehmende Trockenheit die Menschen zu neuen Lebensformen; Europa war abermals in Bewegung: Am zurückweichenden Bodenseeufer verdichteten sich die Pfahlbausiedlungen, die Berghöhen boten dank hoher Sonnenaktivität ebenfalls alternative Siedlungsflächen.

Die nach einer Moorsiedlung im Schweizer Thurgau benannte Pfyner Kultur entstand aus Einflüssen, die Menschen der Michelsberger Kultur aus dem Neckarraum mitbrachten, darunter ein neuer Axttyp, die flache, prachtvoll geformte Hammeraxt aus wertvollem Felsgestein. Und gleichzeitig gelangte ein innovatives Metall aus dem Vorderen Orient über den Balkan in den Südwesten: Kupfer. Erstmals wurde in den Ufersiedlungen der Pfyn-Leute Kupfer geschmolzen und gegossen. Das neue Metall fand, langsam aber stetig, Verwendung als Schmuck, Werkzeug und Waffe.

Die östlichen Nachbarn der Pfyn-Leute waren die Altheimer Gruppe (Niederbayern), die selbst kein Kupfer verarbeitete, sondern ihre hochwertigen Feuersteingeräte mit Handelspartnern in den alpinen Abbaugebieten tauschte.

In diese Zeit fällt die vermutlich erste Höhensiedlung auf dem 350 Meter hohen markanten Kalkfelsen des Lochensteins. Auf der 2,5 Hektar großen, leicht abfallenden Gipfelfläche wurden entsprechende Steinbeil- und dickwandige Keramikreste aufgelesen. Die Ausgrabungen von 1923 auf dem schwer zugänglichen Areal waren nicht aussagekräftig genug. Statt einer jungsteinzeitlichen Siedlung könnten die Funde auf dem Fels auch für eine rituelle Zeremonie sprechen: Zerschlagene Tongefäße und niedergelegte Äxte sind auch als Grabbeigaben deutbar, zumal in der Michelsberger Kultur mitunter Tote nicht beerdigt, sondern oberirdisch dem Verfall preisgegeben wurden.

Endsteinzeitliche Siedlungsfunde auf den Höhen der Alb sind auch auf dem Dreifaltigkeitsberg und dem Lehenbühl (siehe folgende Seiten) nachgewiesen.

Tipp

Die Höhen der Lochen-Berggruppe, erreichbar in wenigen Minuten über Wanderwege, bieten nicht nur fantastische Fernsichten, sondern weitere geschichtliche Meilensteine: Auf dem Wenzelstein liegen die Reste der 900 Jahre alten Hochadelsburg der Herren von Winzeln. Am Schafberg kündigt der Gespaltene Fels mit einer riesigen Abrissspalte die baldige Erosion des Albtraufs an. Der Sattel zum hinteren, 8 Hektar großen Schafberg ist von einem Wallgraben des 9. vorchristlichen Jahrhunderts abgeriegelt.
www.oberes-schlichemtal.de

LEHENBÜHL FRIDINGEN
Nördlichster Außenposten

Lage
Der Bergsporn Lehenbühl (705 m) liegt rund 1,2 Kilometer südöstlich von Fridingen (Landkreis Tuttlingen), an der südlichen, rechten Donauseite, oberhalb des Hofes Ziegelhütte (620 m).

Erreichbarkeit
Über die Landesstraße 277 von Mühlheim/Donau oder Fridingen zum Ausflugslokal Bergsteig (Landhaus Donautal). An der dortigen Abzweigung nach Buchheim liegt der große Wanderparkplatz (Aussichtspunkt). Von ihm führt ein geschotterter Feldweg (werktags für den Verkehr frei) hinab ins Donautal Richtung Ziegelhütte (Vesperstube). Kurz vor dem Parkplatz an der Donaubrücke, parallel zum Weg, erhebt sich rechts der Gipfel des 90 Meter hohen Bergsporns. Von der Ziegelhütte führt ein Waldweg in die Höhe.

Eigentlich ist der Lehenbühl einer dieser unscheinbaren Bergsporne, wie sie sich zu Hunderten am Trauf oder in den Tälern der Alb finden. Er ragt in 705 Meter Höhe steil aus dem 90 Meter tieferen Donautal hervor, dort wo die letzten Versinkungsstellen des Flusses liegen (das Wasser fließt unterirdisch Richtung Bodensee) und dieser zum großen Durchbruch durch das Juragebirge ansetzt. Die 150 x 50 Meter große Gipfelhochfläche, rundum von Klippen begrenzt, ist nur über einen schmalen Sattel zu erreichen; mögliche Wallreste liegen unmittelbar südlich oberhalb des Übergangs. Wer hier oben siedelte, hatte nicht nur den Überblick schlechthin, sondern auch die Kontrolle über den Aufstieg aus dem Tal. Römer, Kelten und Bronzezeit-Menschen haben hier Scherben und Münzen hinterlassen. Das älteste Fundgut (roher, deutlich poröser Ton, gemagert mit zahl-

reichen Kalksteinsplittern) hingegen stammt aus der sogenannten Horgener Kultur. Die hatte vor 5300 Jahren neue, aus Südostmitteleuropa importierte Impulse ins Leben der Jungsteinzeit menschen gebracht. Benannt nach der Fundstelle am Zürichsee, lebten die Menschen in einem Gebiet zwischen Vierwaldstätter See und Donautal. Der Lehenbühl könnte der nördlichste Stützpunkt dieser Volksgruppe gewesen sein. Die Lage an der für eine Furt ausgesprochen optimalen Versinkungsstelle lässt sogar einen Handelsposten vermuten, von dem aus man vielleicht über das nahe Bäratal die Schwäbische Alb zum Neckarvorland querte.

Tipp

Das Heimatmuseum im Mittelalterstädtchen Fridingen (Schloßgasse) zeigt in sieben Abteilungen ausgesuchte Kultur- und Kunstgegenstände aus dem Oberen Donautal, darunter Funde vom Lehenbühl. Geöffnet: Mai bis November, samstags, sonn- und feiertags von 14 bis 17 Uhr oder nach Vereinbarung.
Telefon 0 74 63/8 37-28
www.fridingen.de

GOLDBERG RIESBÜRG
Frühe Bauern auf dem Gipfel

Lage
Der Goldberg liegt zwischen Bopfingen (Ostalbkreis) und Nördlingen.

Erreichbarkeit
Von Bopfingen auf der Bundesstraße 29 Richtung Nördlingen. Auf halber Strecke in Riesbürg in der Ortsmitte nach links auf die Kreisstraße 3305 Richtung Goldburghausen und Kirchheim/Ries. Rund ein Kilometer nach dem Ortsausgang zweigt links ein Feldweg zum weithin sichtbaren Goldberg, einem Auswurfbrocken, der beim Meteoriteneinschlag hierher geschleudert wurde. Durch das Naturschutzgebiet führt ein Rundwanderweg mit naturkundlichen Schautafeln. Der Berg bietet eine hervorragende Rundumsicht im Krater.

Gold gibt es nicht auf ihm zu finden – der sechzig Meter hohe Felskomplex des Goldbergs besteht aus Süßwasserkalk. Seinen Namen haben ihm wohl die Römer gegeben. Aus „collis" (Hügel) wurde Gold. Auf drei Seiten fällt die von einer ebenen Siedlungsfläche gekrönte Gipfelerhebung steil ab; sie bot zu allen Zeiten einen natürlichen Schutz. Nur die vierte, flach abfallende Westseite wurde immer wieder befestigt. Allein fünf Siedlungsepochen (I bis V) sind zwischen 4000 und 250 vor Christus nachgewiesen. Die letzte jungzeitliche Besiedlung bestand aus mehr als 50 Holzhäusern. Man nennt sie Goldberg-III-Gruppe, eine lokal eigenständige Kulturstufe, die gleichzeitig mit der weithin bekannteren Horgener Gruppe (vgl. vorherige Seiten) bestand. Vor etwa 4900 bis 4500 Jahren erstellten Menschen auf dem inselartigen Berg quadratische Grubenhäuser in kreisförmigen Gruppen und legten bis zu vier Meter tiefe, zylindrische Kel-

lerräume an. Die Goldberg-typische Keramik sind S-förmig profilierte Gefäße und Knickwandschüsseln, oft in Pfeilstichtechnik verziert, häufig mit Dreiecken geschmückt. Beim Geschirr ist ein verändertes Nutzungsverhalten feststellbar: Die dickwandigen Gefäße wurden nun nicht nur zum Aufbewahren von Lebensmitteln, sondern für das Erwärmen und Erhitzen von Speisen verwendet.

Lange Klingen und Sicheln aus Feuerstein sind anderseits bei den Steingeräten als Erkennungsmerkmale auszumachen. Außerdem Knaufhammeräxte und trapezförmige Beile, einige schon aus Kupfer. Die Werkzeugformen sind schlicht und zweckmäßig. Unter den Tierknochen lassen sich Haus- und Wildtiere unterscheiden. Die Bauern haben sich also ab und zu mal auch einen Hasenbraten schmecken lassen.

Tipp

Im Goldbergmuseum (Ostalbstraße, altes Rathaus) wird die Steinzeit auf dem Goldberg lebendig. In einer Dokumentation ist das Leben in den Jahrtausenden vor Christus mit zahlreichen Modellen und durch viele Funde anschaulich dargestellt.

Geöffnet: April bis November, sonntags von 14 bis 17 Uhr oder auf Anfrage. Telefon 0 90 81/7 96 85

www.goldbergmuseum.de

FARRENBERG MÖSSINGEN
Reitervolk aus der Steppe

Lage
Der Farrenberg liegt westlich von Mössingen-Talheim (Kreis Tübingen).

Erreichbarkeit
Von Mössingen über die Landesstraße 385 nach Talheim. In der Ortsmitte rechts der Beschilderung Fluggelände/Farrenberg folgen und in Serpentinen bergaufwärts (Parkmöglichkeit für Wanderer vor der letzten Steilstrecke, Aufstieg 20 Minuten).

Die Schnurkeramiker kamen offenbar aus dem Nichts: Eine Fundlücke von hundert Jahren bereitet der Wissenschaft Kopfzerbrechen. Ein grundlegender Kulturwandel muss in der Zeit zwischen 2800 und 2700 vor Christus stattgefunden haben, vielleicht auch eine lang andauernde kriegerische Auseinandersetzung. Denn mit der sich über weite Teile Mitteleuropas ausbreitenden neuen Kultur kommen völlig andere Keramikformen und Streit-

äxte sowie neuartiges Trachtenzubehör in Verbreitung. Das geometrische Eindrücken von Schnüren in die halbgehärteten Tongefäße wird zum Erkennungsmerkmal dieser neuen Epoche.

Auch die Bestattungsformen ändern sich radikal: Erstmals werden Tote mit Beigaben unter aufgeschütteten Hügeln begraben. Das Fundgut lässt auf die Herausbildung einer kriegerischen Elite schließen. Alles deutet darauf hin, dass die Umwälzung durch massive Einwanderung aus den südrussischen Steppen in Gang gesetzt wurde. Die Invasion kam auf vier Beinen: Archäozoologische Untersuchungen konnten aufzeigen, dass erstmals Pferde nicht nur als Zugtiere, sondern auch zum Reiten eingesetzt wurden.

Die alteingesessene Bevölkerung wurde nicht völlig verdrängt, wohl aber ihre Traditionen. Die Umwälzungen durch die Schnurkeramiker sind folgenschwer. Die als Nomaden gekommenen Migranten behaupten sich als Vieh- und Ackerbauern und bilden Generationen später gar die gemeinsamen Vorfahren der Germanen und Kelten.

Die Schnurkeramiker messen der Herdentierhaltung eine große Bedeutung zu; für Rinder und die ersten Wollschafe werden große Weideflächen benötigt. Deshalb werden nun auch hochgelegene Plateaus wie der Farrenberg aufgesucht. Der Fund eines Steinbeils aus geschliffener Jade (Nephrit)

weist in diese Zeit – damals ein Luxusobjekt, das aus den Alpen importiert werden musste.

Tipp

Vom Parkplatz beim Flugfeld im Osten des Farrenbergs lässt sich die Hochfläche über Naturpfade erkunden: Entlang des 1,5 Kilometer langen Nord-West-Traufs liegen drei Aussichtspunkte mit Fernsicht bis in die Vogesen. Grillplätze am Vereinsheim (sonntags oft bewirtet) und an der Traufkante.
Telefon 0 74 73 / 3 81 91
www.fsv-moessingen.de

STEINMÄUERLE WILLMANDINGEN
Die letzten Steinzeitmenschen

Lage
Die Siedlung der Glockenbecher-Kultur lag am westlichen Ortsrand von Sonnenbühl-Willmandingen (Landkreis Reutlingen) im Gewann Steinmäuerle.

Erreichbarkeit
Die Siedlung ist vor wenigen Jahren im Neubaugebiet im Westen von Willmandingen angeschnitten worden. In der Umgebung gibt es markante Plätze: Die Thomasstraße führt nach rund einem Kilometer in westlicher Verlängerung als landwirtschaftlicher Weg über einen Pass beim kreisrunden Ruchberg (Siedlung der Keltenzeit) hinab zur Quelle der 25 Kilometer langen Steinlach (am linken Weghang). Der nach dem Pass rechts ansteigende Weg führt zu einer frühgeschichtlichen Höhensiedlung auf den Riedernberg/Heidenburg.

An der Schnittstelle zweier alter Albaufstiege durch das Seebach- und das Steinlachtal war die Siedlung der Glockenbecher-Leute wohl gezielt ausgesucht worden. Je wenige hundert Meter von den Quellen der Lauchert und der Steinlach entfernt, hatten sich die Zuwanderer im Windschatten der Traufkuppen niedergelassen. Erstmals kam

eine neue Kultur nicht aus dem Osten, sondern aus dem Süden: Von der Iberischen Halbinsel breitete sie sich seit dem 25. Jahrhundert inselartig aus. Namensgebend sind die keramischen Gefäße mit typisch flachem Standboden und S-förmig verziertem Profil.
Im Gepäck hatten diese offenbar hochmobilen letzten Jungsteinzeitmenschen eine völlig neue Fruchtart – den Dinkelweizen. Seine Verbreitung begann zunächst im Hegau und wurde in den folgenden Jahrhunderten zur dominanten Brotfrucht. Die Begräbnisbräuche wurden von den Migranten buchstäblich auf den Kopf gestellt: Nun kam es in Mode, die toten Männer in hölzernen Grabkammern mit

dem Kopf nach Norden in linker Hockerstellung, die Frauen hingegen mit dem Kopf nach Süden in rechter Hockerstellung zu beerdigen. Eine Sitte, die noch lange von den nachfolgenden Bronzezeit-Menschen beibehalten wurde.

Der Zufallsfund von Willmandingen ist spärlich: zwei Randscherben, dazu ein durchbohrtes Beilfragment und eine Hornsteinspitze, außerdem frühbronzezeitliche Scherben. Immerhin ein Beleg dafür, dass beide Kulturen am Ende der Kupfereiszeit nebeneinander gelebt haben. Spuren aus dieser Zeit sind auf der Alb sehr rar: Es gibt Siedlungsreste auf dem Runden Berg bei Urach und auf der Reutlinger Achalm, außerdem im Donautal zwischen Mühlheim und Stetten und jüngst bei Öpfingen (Alb-Donau-Kreis) und im Kiesbett unterhalb der Heuneburg.

Tipp

Vom Pass aus führt der ansteigende Forstweg nach einem Kilometer nach einer Kurve an den Waldrand des Riedernbergs. Hier wird der Weg von zwei Wällen im Abstand von 65 Metern gequert. Sie schützten die 23 Hektar große Hochfläche, die bisher nicht untersucht worden ist. Keramikscherbenfunde am Wall datieren in die jüngere Urnenfelder- oder in die Keltenzeit. An der Bergspitze des Riedernberges (Aussichtspunkt) liegt ein weiterer, flacher, halbkreisförmiger Wall – die „Heidenburg".

Bronze- und Urnenfelderzeit

LOCHERSTEINGROTTEN HONAU
Grab in der Felsgrotte

Lage

Die Lochersteingrotten (769 Meter) liegen im östlichen Steilhang des Echaztales, oberhalb von Lichtenstein-Honau, am nördlichen Ortsrand von Traifelberg (Landkreis Reutlingen).

Erreichbarkeit

Auf der Bundesstraße 312 nach Traifelberg (Parkplätze) und über die Traifelbergstraße bis zu deren Ende, bzw. auf den hier vorbeiführenden Nordrandweg HW 1. Er führt am östlichen Hang des Echaztales Richtung der Aussichtsfelsen Rötelstein/Burgstein. Gleich zu Beginn des Pfades liegt rechts im Fels der südliche Ausgang der Traifelberghöhle (eine von vier Grotten im Lochersteinfelsen). Sie ist eine 64 Meter lange Durchgangshöhle, die aber nur auf acht Metern Länge am nördlichen Eingang begehbar ist. Dorthin gelangt man durch einen 15 Meter hohen Aufstieg vom Pfad aus. www.gemeinde-lichtenstein.de

Aus dem geräumigen Eingang des 5 x 5 Meter großen Abri hat man heute einen gerahmten Bilderbuchblick auf das Schloss Lichtenstein. Vor 4100 Jahren hat vermutlich diese Öffnung, in die die letzten Strahlen der untergehenden Sonne scheinen, Menschen der Bronzezeit zu einer Grablege inspiriert.

Im Juni 1935 hatten die Prähistoriker Gustav Riek und Adolf Rieth in dieser bereits von Raubgräbern heimgesuchten Grotte noch nicht geplünderte Beigaben zweier Bestattungen entdeckt: Zwei gemusterte Röhrchen aus gerolltem Bronzeblech, zwei Spitzhütchen, ein Ösenarmreif und drei Gewandverschlüsse lagen zwischen zwei Unterkiefern. Höhlenforscher entdeckten im Mai 2008 im Abraum ein weiteres 3,5 Zentimeter kleines Röhrchen.

In der beginnenden Bronzezeit bestattete man, noch in steinzeitlicher Tradition, die Toten in Flachgräbern mit angewinkelten Beinen in einer Hockerstellung. Nur vereinzelt gibt es bereits kleine Hügelaufschüttungen. Die bisher zufällig entdeckten wenigen Bestattungen lagen an Verkehrsachsen in den Tälern (Ennetach, Veringenstadt).

Die Alb war zu Beginn der Frühbronzezeit in ein überregionales Handelsnetz eingebunden. Der neue

Werkstoff Kupfererz wurde in den Salzburger und Graubündener Alpen abgebaut, in der Nähe verarbeitet und in Form von Barren gehandelt. Für die Legierung zu Bronze (Verhältnis 10:1) wurde auch Zinn benötigt, das in der Bretagne, in Cornwall und im Erzgebirge abgebaut wurde. Die neuartige Metallurgie hat zur Folge, dass sich eine arbeitsteilige Gesellschaft herausbildet. Erstmals in der Geschichte kommt es zu einer sich stetig verstärkenden sozialen Gliederung der Bevölkerung. Diese Entwicklungen spiegeln sich in den Grabbeigaben wider.

Tipp

Der rund 700 Meter entfernte Aussichtsfelsen Rötelstein gehörte in der Urnenfelderzeit zu einer Höhensiedlung auf der Holzelfinger Hochfläche oder war ein Naturheiligtum, worauf die hier aufgelesene Keramik deutet. Auf dem noch weiter nördlich liegenden exponierten Burgstein (Höhe Sportplatz Holzelfingen) deuten spätkeltische Scherben wie auch der Name auf eine befestigte Siedlung hin. Wallspuren sind bisher nicht entdeckt worden.

GRABHÜGELFELD DÜRBHEIM-RISIBERG
Über 350 Steinhügel

Lage

Das bewaldete Grabhügelfeld liegt östlich von Dürbheim auf der Albhochfläche, nordöstlich des Weilers Risiberg (Landkreis Tuttlingen).

Erreichbarkeit

Von Böttingen über die Landesstraße 328 Richtung Dürbheim. Vor Erreichen der Steige aus dem Tal nach rechts Richtung Risiberg. Die Straße führt zunächst rechts am Waldrand vorbei. Dort, wo linker Hand nun ebenfalls ein Waldstück beginnt, fängt das Gräberfeld an. Das etwa 500 x 1000 Meter große Areal (Waldgewanne Forchenbühl/Raueck/Banneck/obere Ursulatal-Halde) reicht südlich bis oberhalb zum Weiler. www.waldeck-risiberg.de

Würden Maulwürfe in einem Steinbruch leben, dann sehe es dort so aus, wie in dem Wäldchen nordöstlich des kleinen Weilers Risiberg: Der Waldboden ist übersät mit kleinen Steinhäufchen, die in einer Größe von 20 bis 150 Zentimeter Durchmesser variieren; darunter aber auch Steinhügel mit einer Ausdehnung zwischen 3 und 8 Metern. Über 355 von ihnen hat man gezählt. Hier in der Abgeschiedenheit der 860 Meter hohen Heubergalb hat sich, vor landwirtschaftlicher Zerstörung geschützt, ein rund 3500 Jahre altes einzigartiges Gräberfeld erhalten. Etwa 100 m westlich des Grabhügelfeldes liegen zwei große Grabhügel in etwa 500 m Abstand zueinander (Durchmesser 20 bis 25 Meter, Höhe 1,5 bis 1,6 Meter). Das nur stichprobenartig untersuchte Areal auf dem Risiberg dokumentiert den Beginn des radikalen Wandels zu Anfang der Mittleren Bronzezeit, die wegen den nun in Mode kommenden Grabaufschüttungen auch Hügelgräberbronzezeit genannt wird. Statt die Leichname wie bisher in Flachgräbern beizusetzen, schüttete man nun häufig bis zu zwei Meter hohe Hügel auf und setzte dann nicht selten noch weitere Verstorbene darin bei. Beim Risiberg liegt eine offenbar auf der Westalb regional verbreitete Sonderform vor, bei der die Toten auf einem separaten, vielleicht zentralen Verbrennungsplatz verbrannt wurden. Ihre Asche wurde danach auf dem Friedhof in oder auf die Erde gestreut oder in

einer Urne vergraben und nicht mit Erde, sondern mit Steinen bedeckt. Offenbar finden sich unter manchen Hügeln keinerlei Spuren einer Bestattung. Diese Fundleere (die nicht für alle Hügel gelten muss) könnte aber dafür sprechen, dass den Verstorbenen lediglich ein Gedenkstein-Haufen gesetzt wurde. Das erinnert an die Sitte, auf jüdischen Denkmälern und Gräbern Steinchen abzulegen – eine Bestattungspraxis, die ihren Ursprung bei den Nomadenvölkern hat.

Tipp

Weitere Steingrabhügelfelder auf der Westalb gibt es zum Beispiel in 1. Egesheim: 800 Meter nordwestlich der Kirche (47 Steinhügel). 2. Hausen ob Verena: 1 Kilometer östlich der Kirche auf einem Sporn (19 Steinhügel). 3. Immendingen: 0,75 Kilometer südlich von Ippingen auf dem Dellenberg (14 Grabhügel). 4. Ippingen: 1 Kilometer nordnordöstlich der Kirche (53 Grabhügel). 5. Mühlheim: etwa 7,5 km westlich der Kirche, auf dem Plateau des Bräunisberges (48 Steinhügel) und 6. etwa 3 Kilometer nordwestlich der Kirche (21 Steinhügel).

BUSSENBERGLE UPFLAMÖR
Sichtachse zum Heiligen Berg

Lage
Der markante Grabhügel Bussenbergle liegt 300 Meter südlich der Kirche von Zwiefalten-Upflamör (Landkreis Reutlingen).

Erreichbarkeit
Von Zwiefalten bei der Klosterbrauerei westlich auf der Kreisstraße 6745/44 durchs höhlenreiche Tobeltal nach Upflamör. Am Ortsende links über die Ellhauser Straße, dann auf landwirtschaftlichem Weg Richtung Wasserturm direkt zum Grabhügel. Der 29 Meter hohe (Aussichts-)Turm kann nach Rücksprache (Telefon 07373/728, Familie Schwendele/Schlüssel) gegen geringes Entgelt bestiegen werden.

Obwohl die Mittlere Alb nur ertragsarme Böden vorweisen kann, war sie, gemessen an der Vielzahl der mittelbronzezeitlichen Grabhügel, das begehrteste Siedlungsland des Mittelgebirges. Das mag an der offenen Verbindung nach Süden zu dem in der Späteiszeit dicht bevölkerten Alpenvorland gelegen ha-

ben. An dieser „Pforte" liegt die an exponierter Lage aufgeschüttete Dreier-Grabhügelgruppe im Gewann „Elme", südlich von Upflamör. 1880 wurden zwei Hügel angegraben, einer enthielt die Skelette von drei Frauen und einem Kind, außerdem Bein- und Gagatperlen, eine Bronzenadel und an jedem Unterschenkel ein breites, verziertes, an dem Ende mit spiralig gewundenen Drähten versehenes Band. Der größte Hügel hat in den rund 3400 Jahren seit seiner Errichtung durch landwirtschaftliche Nutzung der Wiesenfläche in Umfang und Höhe zwar abgenommen, aber als Binnen-Landmarke nichts eingebüßt. „Bussenbergle" heißt der Hügel seit unbekannter Zeit, in Anlehnung an den in Sichtachse liegenden „großen Bruder" Bussen – den heiligen Berg Oberschwabens. Der heutige Wallfahrtsort führt die Tradition eines alten Kultplatzes fort, der gesichert bis in die Hallstattzeit reicht. Vor 2500 Jahren war der Berg Teil des keltischen Stadtstaats Pyrene – der „Heuneburg" (vgl. Kapitel 56). Diese Anlage hatte ihren Anfang in einer bronzezeitlichen Zentralsiedlung. Es mag Zufall sein, dass dieses Zentrum auf der Linie der Sommersonnwende über dem Bussen liegt. Und vielleicht ist es auch Zufall, dass vom Bussenbergle der Sonnenaufgang am 1. Februar hinter dem Bussen zu beobachten ist – irgendeine Beziehung zwischen dem 767 Meter hohen Berg und der Grabstätte wird es wohl geben. Man kann nur niemanden mehr fragen; so wie uns überhaupt dieses Bronzezeitvolk außer vielen Erdwerken und zahllosen Grabbeigaben vor allem Rätsel hinterlassen hat.

Tipp

Ein mutmaßlich mittelbronzezeitliches Steingrabhügelfeld mit Dutzenden unerforschten Aufschüttungen liegt im Wald „Muttenbühl"; direkt auf halber Entfernung der Verbindungsstraße nach Geisingen: Von Upflamör 2 Kilometer geradeaus nordwärts. Dann durchschneidet die Straße 250 Meter vor der Abzweigung Ohnhülben/Geisingen ein 2 Kilometer breites Waldstück. Hier quert ein Waldweg. Man folgt ihm westlich (nach links) wo er dann einen Bogen nach Norden schlägt. Entlang des Weges sind die Hügel im Gelände gut auszumachen.

EREMITAGE INZIGKOFEN
Von der Nordsee an die Donau

Lage
Die Eremitage ist Teil des Fürstlichen Parks Inzigkofen und liegt als Felskuppe am Nordufer der Donau, rund 3 Kilometer von Sigmaringen entfernt.

Erreichbarkeit
An der Donautalstraße L 277 zwischen Sigmaringen und Inzigkofen (Landkreis Sigmaringen) liegt kurz nach Laiz an einer bewaldeten Bergkuppe ein Wander-parkplatz. Von dort führt links über die Bahnlinie ein Fußweg hoch zum bronzezeitlichen Kultplatz an der Eremitage/Meinradskapelle.

Die Eremitage war schon immer ein Platz für die „Oberen". Amalie Zephyrine, Fürstin von Hohenzollern-Sigmaringen, ließ auf der 200 Meter langen Felsbastion am Nordufer der Donau 1817 ein Teehaus errichten. Der einstige Umlaufberg erweiterte den auf der anderen Flussseite angelegten Landschaftsgarten um dieses „Fürstenhäusle". Dem folgte später eine Kapelle, die

durch einen Holzbau ersetzt wurde. Etwa 50 Meter entfernt von dieser Gedenkstätte für den heiligen Meinrad kam 2004 ein Aufsehen erregender Fund ans Tageslicht. In einer Grube unweit eines steinernen Felstores, auf einem künstlich angelegten Podium am Nordwestrand der Kuppe lagen sieben bronzene Sicheln, dazwischen das 6,5 Zentimeter große Gehäuse einer Wellhornschnecke und ein wuchtiger Eberzahn. Die Zungensicheln mit Nietloch und Dorn konnten, da dieser Typ in Süddeutschland und der Schweiz verbreitet ist, als Formengruppe bestimmt werden, die aus dem 11. Jahrhundert vor Christus stammt. Das ist die Übergangsepoche von der Bronzezeit zur Urnenfelderkultur. Den Wissenschaftlern wurde durch Nachgrabungen klar, dass die Deponierung einen kultisch-religiösen Hintergrund hatte. Die Sicheln waren an einem natur-heiligen Ort vergraben worden. Die Nähe zu einem Gewässer, die Kombination von Erntegeräten und dem Eberhauer als Symbol der Fruchtbarkeit, zeigen Parallelen zu Weihegaben an die griechische Göttin Demeter. Als besonders gewichtiges Prestigeobjekt ist die Beigabe der Schnecke zu sehen. Sie stammt von der Nordsee und ist das bisher einzige im südwestdeutschen Raum bekannte Exemplar. Drei Meter vom Depotfund entfernt zeigte sich ein Scherbenpflaster, bestehend aus an Ort und Stelle zertrümmerten Getränke- und Speise-Keramikgefäßen. Daneben verwies eine brandgerötete Lehmfläche auf einen Opferplatz. Weitere Funde belegen, dass dieser heilige Bezirk bereits um 1400 vor Christus und bis in spätkeltische Zeit aufgesucht worden war.

Tipp

Der Eremitage gegenüber ragt der Amalienfelsen am Donausüdufer hervor. Auf der exponierten Hochfläche lag eine Siedlung des 5./4. Jahrtausend vor Christus. Auch die Bronzezeitmenschen hielten sich dort auf. Heute ist es ein beliebter Aussichtspunkt. Ein ausgeschilderter Fußpfad führt vom Bahnhof Inzigkofen (Parkplatz) oder vom Kloster zu der historischen Stätte. www.inzigkofen.de

LINSENÄCKER MELCHINGEN
Das vergessene Dorf

Lage

Die vorzeitliche Siedlung Linsenäcker liegt im Südwesthang des Aufberges im Tal der Woog, 2,5 Kilometer südlich von Burladingen-Melchingen (Zollernalbkreis).

Erreichbarkeit

Die landwirtschaftliche Verbindungsstraße zwischen Melchingen und Ringingen führt durch das vom Ringinger Bach und der auf halber Strecke entspringenden Woog gebildete Tal. Vom Sportplatz Melchingen folgt man der Straße bis zur Schmalstelle im Gewann Enge. Rund 400 Meter vor der Woog-Quelle überspannt den Bach eine Brücke. Von dort ist es auf der Straße noch einen Kilometer bis zum Zentrum der ehemaligen Siedlung. Ein rechts zum Aufberg hochführender geteerter Weg durchschneidet die Siedlungsfläche am offenen Westhang. Folgt man der Straße weiter nach Ringingen durchquert man beidseitig ausgedehnte wilde Schnittlauchfelder.

Die älteste, heute noch bestehende Siedlung im Südwesten ist Rottweil, vor rund 1940 Jahren von den Römern mit Stadtrechten versehen.

Die mit etwa 3300 Jahren viel länger bestehende Siedlung in den Melchinger „Linsenäckern" kennt heute kein Mensch mehr. Ihr Ende kam unspektakulär mit den Neuansiedlungen der Alamannen um 400 nach Christus.

Vor 3200 Jahren, am Übergang von der Bronze- zur Urnenfelderzeit, bestand in optimaler Wetter- und Sicht-Schutzlage zwischen den Bergkuppen bereits seit Jahrhunderten eine weilerartige Ansammlung von Holzhäusern. Wasser für Mensch und Vieh gab's genug: den 300 Meter südlich gelegenen „Haubrunnen", den Ringinger Bach und die bachabwärts quellende (wogende) Woog. Eine Siedlung aus dieser Zeit ist bislang nirgendwo sonst auf der Alb entdeckt worden. Die Urnenfelderzeit bildete sich aus den Veränderungen heraus, die das Bronzezeitalter mit sich brachten. Die Abhängigkeit vom neuen Importrohstoff Bronze führte zur Bildung eines überregionalen Handels- und Kommunikationsnetzes, Eliten wuchsen heran. Mit eir her ging ein Kulturtransfer, der sich in Neuerungen der materiellen und geistigen Kultur niederschlug, wobei die konservativen Älbler Neuerungen nur zögernd übernahmen. Der nicht aufzuhaltende Wandel wird archäologisch vor allem mit den Bestattungsbräuchen sichtbar: Die Toten wurden fortan nicht mehr unter Hügeln begraben, sondern verbrannt und die Asche in Urnen bestattet. Es bilden sich regional unterschiedliche Keramik- und Schmuck-Merkmale heraus.

Anhand dieser war es 1985 möglich, die Scherben, die auf den Linsenäckern flächendeckend zum Vorschein kamen, einzuordnen. Für Aufsehen sorgte 2008 ebendort beim Wasserleitungsbau in einer Brandfläche der Fund von 40 in- und gegeneinander gestapelten Tongefäßen – wohl die vergrabene Ausstattung im Rahmen einer Totenmahlzeremonie.

Tipp

Vermutlich waren es jungsteinzeitliche Einwanderer aus dem Osten, die das „Allium sibiricum" mit im Gepäck hatten: Wie sonst lässt sich das größte wild wachsende Schnittlauchvorkommen Mitteleuropas im Woog-Tal erklären? Die bis zu 70 Zentimeter hoch wachsenden Stängel haben einen intensiv-würzigen Geschmack. Pflücken erlaubt, umpflanzen erfolglos.

GRABHÜGELGRUPPE – DOTTINGEN
Schnittpunkt der Kulturen

Lage
Der vorgeschichtliche Bestattungsplatz mit über dreißig Grabhügeln liegt rund 1,2 Kilometer südlich der Gemeinde Münsingen-Dottingen (Landkreis Reutlingen), östlich der Kreisstraße 6702 nach Steingebronn.

Erreichbarkeit
Zwischen Gomadingen und Münsingen auf der Landesstraße 230 nach Steingebronn abbiegen und ortsauswärts bis Dottingen fahren. Vor Ortsbeginn, kurz vor einer scharfen Rechtskurve, zweigt rechts am ersten Schuppengebäude ein landwirtschaftlicher Beiweg ab und führt parallel zurück Richtung Steingebronn. Nach 600 Metern mündet der Weg in einem Wald. Hier liegt links die Grabhügelgruppe.

Für den Erhalt eines damals mindestens drei Jahrhunderte alten Friedhofs haben Menschen der älteren Urnenfelderzeit vor 3100 Jahren gesorgt. Die heute noch 34 sichtbare Grabhügel umfassende Begräbnisstätte – eine unbekannte Zahl dürfte noch verflacht unter dem Wald- und Ackerboden liegen – war von Menschen der mittleren Bronzezeit angelegt und letzt-

lich auch noch von Kelten vor 2800 Jahren aufgesucht worden.

Das Grabhügelfeld Glendwald/Poppental gilt als einzigartiges Beispiel für die kulturenübergreifende Kontinuität eines Friedhofes auf der Mittleren Alb. Der Münsinger Ausgräber Friedrich Sautter war 1901 im „38 Schritte Umfang messenden Hügel 18, Höhe 80 Zentimeter" auf ein hallstattzeitliches Brandgrab gestoßen. Dieses lag „40 Zentimeter unter dem Rasen". Sechzig Zentimeter darunter stieß er auf eine große, rohe Steinplatte, unter der sich eine Urne mit fünf Gefäßen „mit Speiseresten" befand. Unter den Töpfen barg er 45 Bronzeringe und zahlreichen weiteren Schmuck. Zuunterst schließlich die verbrann-

ten, aber noch erkennbaren Kno-
chen-, Schädel- und Kieferreste.
Es ist eines der ersten nun in Mode
kommenden eingeschachteten Ur-
nen-Brandgräber.

Das Fundgut lässt westliche, rhei-
nisch-schweizerische Einflüsse erkennen, während bereits im Raum
Burladingen Grabbeigaben einen
untermainisch-schwäbischen Stil
aufweisen, in Gammertingen aber
beide Gruppen vertreten sind.
Demnach sind in der älteren Urnenfelderzeit auf der Mittleren Alb
zwei Kulturgruppen aufeinanderge-
stoßen und haben sich vermischt.

Tipp

Eindrucksvolle Einblicke in die Archäo-
logie und Kulturgeschichte der Münsinger Alb bietet das Stadtmuseum in
Münsingen (Schlosshof). Das Gebäude,
1485 von den württembergischen Grafen errichtet, ist an sich schon reine
Geschichte. Hier wurde 1482 die damalige Teilung Württembergs rückgän-
gig gemacht. Geöffnet: donnerstags und
sonntags, 13 bis 17 Uhr. Und nach Vereinbarung.
Telefon 0 73 81/1 82-1 15
www.muensingen.com

SCHALKSBURG – ALBSTADT-LAUFEN
Schatzversteck oder Göttergabe

Lage

Die Höhensiedlung der Schalksburg liegt südwestlich von Albstadt-Burgfelden auf der Hochfläche, oberhalb von Laufen an der Eyach (Zollernalbkreis).

Erreichbarkeit

Von Balingen auf der Bundesstraße 463 Richtung Albstadt. An der Abzweigung Dürrwangen über Stockenhausen Richtung Pfeffingen auf die Albhochfläche. Auf der Passhöhe rechts nach Burgfelden abbiegen. Am Ortsbeginn gelangt man vom Wanderparkplatz durch das Dorf nach einem Kilometer über einen schmalen Bergsattel zur Schalksburg (mittelalterlicher Bergfried als Aussichtsturm).

Bauer Scherle wollte an jenem 8. Mai 1885 eigentlich nur eine Tanne in seinem Wäldchen setzen. Dort, wo die alte Burgfelder Steige von Pfeffingen aus die Höhe erklimmt, um in alten Zeiten auf kürzestem Weg über die Hochfläche auf den Sattel zum Bergvorsprung Schalksburg zu führen. Gleich beim ersten Spatenstich stieß er auf einen Schatz mit 110 Bronzestücken, „alle dicht beisammen, als ob sie einstens in irgendeiner Weise verpackt gewesen wären": Nadeln, Ringe, Armbänder, Griffzungen Sicheln, Messer, Dolch- und Lanzenspitzen.

Über den Hintergrund des 3000 Jahre alten Hortfundes lässt sich trefflich spekulieren: Musste hier ein zur Weiterverarbeitung bestimmter Altmetallposten, etwaiges Raubgut oder das für ein jenseitiges Leben angehäufte Privatvermögen schnell vergraben werden? Die unmittelbare Nähe zu einem Altweg, der zu einer urnenfelderzeitlichen Höhensiedlung führt, spricht für ein nicht mehr geborgenes Schatzversteck. Für Weihe- oder Opfergaben, wie man sie von exponierten Naturheiligtümern kennt, scheint der Platz aus heutiger Sicht als zu unauffällig.

Indirekt erkennen wir aber in dem Brucherzhort, dass es Personen gab, für die es möglich war, solche Metallwerte zu besitzen. Diese Sammlung von Waffen, Schmuck und wertvollen Werkzeugen muss mit der herausragenden Bedeutung der vorgeschichtlichen Schalksburg zusammenhängen. Hunderte von Keramikstücken belegen vor allem am Nordhang die Anwesenheit von Urnenfelderleuten.

Lange bevor hier im 7. Jahrhundert eine Fluchtburg der Burgfelder Grafen und im 11. Jahrhundert eine Hochadelsburg entstanden, ließen sich Menschen der jüngeren Urnenfelderzeit auf der Höhe nieder. Ein Merkmal dieser Epoche ist das erhöhte Aufkommen von Höhensiedlungen. Das spricht für einen tief greifenden Wandel. Aber ein etwaiges Bedürfnis nach Schutz in kriegerischen Zeiten ist es nicht mangels nachweisbarer Befestigungsanlagen. Im Gegenteil: In den Gräbern dieser Zeit fehlen die Waffenbeigaben völlig. Vielleicht standen wirtschaftliche Interessen im Vordergrund, wozu die Kontrolle über den wichtigen Verkehrsweg durchs Eyachtal gehörte.

Tipp

Eine kulturhistorische Perle ist die romanische Michaelskirche von Burgfelden mit ihren Fresken aus dem späten 11. Jahrhundert, ähnlich den Wandmalereien von St. Georg auf der Reichenau, und einer Stifter-Grablege des 7. Jahrhunderts.
www.burgfelderinfo.de

ROCKENBUSCH – DONAUTAL
Brandopfer am Donauufer

Lage
Der Brandopferplatz in einer späteren Burgstelle liegt auf einem Sporngipfel über dem südlichen Donautal nordwestlich von Buchheim (Landkreis Tuttlingen).

Erreichbarkeit
Von Fridingen über die Kreisstraße 5940 nach Buchheim. Weiter Richtung Beuron. Am Ortsende nach den Sportanlagen links zum Wanderparkplatz abbiegen. Dem Weg Richtung Schloss Bronnen folgen. Nach rund 400 Metern am Ende der kleinen Waldlichtung links abwärts den Wegschildern weitere 400 Meter bis zur Ruine Rockenbusch folgen. Funde gibt's im Heimatmuseum Meßkirch zu sehen. Geöffnet nach Vereinbarung, Telefon 0 75 75/2 06 46.

Am Ende der Urnenfelderzeit vor 2900 Jahren geht ein Ruck durchs Land: Die Albhochfläche wird quasi flächendeckend besiedelt. Nachrückende Einwanderer führen mit dem Brandflächengrab eine archäologisch fassbare Neuerung ein. Damit brechen sie mit der Tradition des noch gängigen Urnengrabs.

Beim Brandflächengrab wurde eine aus Holz gezimmerte Kammer auf die Fläche gestellt, wo zuvor der Tote verbrannt worden war. In die Kammer füllte man die Asche und gab rund 10 Beigaben in Form von Gefäßen hinzu. Danach schüttete man einen Hügel über das Ganze. Die Idee war nicht völlig neu: Grabhügel hatten schon die Altvorderen aufgetürmt. Weil aber früher die Urne nicht auf, sondern in den Boden hinein kam, blieben die Aufschüttungen sehr niedrig.

In diese Epoche fällt eine Vielzahl von Kultplätzen und Brandopferstätten. Eine besondere Fundstelle bildet der Rockenbusch auf einem felsigen Sporngipfel, 130 Meter über dem Donautal. Hier findet man im felsigen Gelände über-

all in den Hängen zahllose Scher-
bennester. Soviel Geschirr kann
nicht zufällig zu Bruch gegangen,
sondern muss absichtlich zerstört
worden sein. Unter dem bisheri-
gen Fundgut waren auch ein halb-
mondförmiges Rasiermesser und
ein ebenfalls halbrundes Sichel-
bruchstück – Dinge, die man nicht
unbedingt bei einem rituellen Fest
mit sich führt, außer in der Absicht,
sie als Weihegabe zu opfern. Wel-
che rituellen Vorgänge sich hier
abgespielt haben könnten, bleibt
rätselhaft. Eine ähnliche Fundsitu-
ation lieferte der schwer zugängliche Gipfel des über Wanderwege
erschlossenen bekannten Petersfels östlich von Beuron.

Tipp

Der Rockenbusch war im 13./14. Jahrhundert Standort einer unbekannten Burganlage, über deren Bewohner mangels schriftlicher Überlieferung
auch nichts bekannt ist. Sie könnte aber
die bisher nicht lokalisierte Burg Wil-
denfels sein, die in der Nähe von Beuron lag. Ein mächtiger, 90 Meter langer
Graben mit Vorwall schützte das Bollwerk. Der Zugang erfolgte durch den
Graben über die südliche Bergflanke.
Hier haben sich rechts im Boden noch
Mauerreste in Form von Buckelquadern
erhalten.

Kelten

GRABHÜGELGRUPPE – NEUHAUSEN OB ECK
Aus Bronze wird Eisen

Lage

Das Grabhügelfeld liegt östlich von Neuhausen ob Eck. Nördlich der Bundesstraße 311, vor dem Weiler Breitenfeld, Landkreis Tuttlingen.

Erreichbarkeit

Auf der B 311 von Tuttlingen in Richtung Meßkirch. Rund 2,5 Kilometer nach Neuhausen ob Eck zweigt links ein Feldweg zum Weiler Breitenfeld ab. Er durchschneidet das Grabhügelfeld in den Hexenwiesen.

Um das Jahr 850 vor Christus begann das Klima zu kippen. Gut 260 Jahre lang hatte auf der Alb die wärmste Phase der Nacheiszeit vorgeherrscht. Nun brach die Sonnenaktivität für hundert Jahre massiv ein. Die Gletscher breiteten sich talwärts aus. Die Kupfer-Abbaustätten in den Alpen wurden unerreichbar, die Pässe unbegehbar. Die ehedem schon sehr kostspieligen Roheisen-Importe (in Barrenform) aus Griechenland und Etrurien stockten. Dauerregen spülte die „alten Ordnungen" regelrecht weg. Denn das Kontrollsystem der Eliten über die Handelswege verlor an Bedeutung.

Doch dann gelangte die Kenntnis der Eisengewinnung auf die Alb. Die reichen Erz-Vorkommen lagen den einfachen Bauern buchstäblich zu Füßen. So manche Sippe wusste die unverhoffte Verfügungsgewalt zu nutzen. Basierend auf Handwerkerwissen um die bereits hoch entwickelte Bronzetechnologie konnte im Südwesten das Zentrum der Eisenmetallurgie entstehen. Eisenschwerter wurden zum Export-

schlager. Je mächtiger der Kunde, desto aufwendiger die Knaufverzierung – bis hin zu Elfenbein mit Goldeinlagen. Der gesellschaftliche Wandel drückte sich im Bedürfnis nach Repräsentation und Selbstdarstellung aus: Siedlungen wurden zugunsten von Einzelgehöften aufgegeben. Die Urnenbestattung mit Ascheresten musste dem weithin sichtbaren Grabhügel mit Beigaben weichen, Tongefäße wurden durch Bronzegeschirr ersetzt.

Eines diesen Wandel dokumentierendes Hügelfeld liegt auf der Hegaualb, in den der Bevölkerung nicht ganz geheuren „Hexenwiesen". Die 30 Hügel (21 sichtbar) sind zwischen 6 und 22 Meter breit und bis zu 2,30 Meter hoch. Sie gelten als die am besten erhaltene Grabgruppe der südlichen Alb.

Trichterförmige Löcher zeugen von Ausgrabungen um 1890. Die Funde sind damals ins Berliner Museum gelangt; darunter eiserne Lanzenspitzen, Schwerter und Dolche.

Tipp

Weitere große Grabhügel liegen mittig auf freiem Feld nordöstlich der Hexenwiesen zwischen zwei Waldgebieten. Man folgt dem landwirtschaftlichen Weg, der von Breitenfeld am Waldrand entlang Richtung Hilbenhof führt. 500 Meter nach den Grabhügeln zweigt der Weg nach rechts in den Wald Richtung Worndorf ab. Nach 600 Metern erreicht man eine Waldwegkreuzung. Rechts liegen beidseitig weitere Grabhügel vor einem großen Forstunfall-Gedenkstein.

GRABHÜGELGRUPPE – ASCH
Attilas Grab

Lage

Das Grabhügelfeld liegt 2,5 Kilometer westlich von Blaubeuren-Asch im südlichen Rand des Waldes Attenlauh (Alb-Donau-Kreis).

Erreichbarkeit

Von Blaubeuren auf der Bundesstraße 28 nach Norden. Am Ende der Steige auf die Landesstraße 1230 Richtung Berghülen/Machtoldsheim. Nach 400 Metern, vor den Hessenhöfen, biegt rechts ein landwirtschaftlicher Weg ab, von dem mehrere Feldwege nördlich zum Wäldchen Attenlauh führen. Der dritte Weg, nach rund 1000 Metern, führt nach 700 Metern direkt ins Zentrum der Grabhügelgruppe.

Attila, der berüchtigte Hunnenkönig, starb 453 während seiner Hochzeitsnacht. Begraben wurde er an einem unbekannten Ort. Auf der Blaubeurer Alb glaubt man seit dem späten Mittelalter hingegen, den Platz seiner letzten Ruhe genau zu kennen. Er soll in dem nach seinem Namen benannten Wäldchen „Attenlauh" westlich des Dorfes Asch liegen. Zur Zeit der Legendenbildung waren hier noch rund 100 große Grabhügel aufgetürmt. Heute sind es immerhin noch etwa

60. Niemand anders als ein Heerführer mit seinen engsten Soldaten könne hier begraben liegen, glaubte man in einer Zeit, als das Wissen über die vorrömische Geschichte kaum hinausreichte.

Nachdem Mitte des 18. Jahrhunderts die griechische Kunst wiederentdeckt wurde, sahen die vorwissenschaftlichen Romantiker in den Kelten das älteste Volk der Welt. Die fundierte Keltenforschung nahm 1846 ihren Anfang, als ein Bergmeister im österreichischen Hallstatt einen üppig mit Waffen, Schmuck und Gefäßen ausstaffierten Bestattungsplatz mit über 1000 Gräbern aus dem 7./6. Jahrhundert entdeckt hatte. In dem Salzbergwerkstollen hatte sich eine Fülle von Utensilien im Salz konserviert. In diese Zeit fällt die wilde pseudowissenschaftliche aber zerstörerische Schatzgräberei auf der Alb, die auch vor dem Attenlauh nicht Halt machte. Die reiche Ausbeute aus den bis zu 4 Meter hohen und 26 Meter breiten Stein- und Erdhügeln ging an den Herzog von Urach oder ist heute verschollen. Über die charakteristische, auffällig bunte und farbenfrohe Alb-Hegau-Keramik lässt sich die Mehrzahl der Bestattungen in die Zeit um 800 bis 700 vor Christus einstufen. Der Friedhof war in der älteren Urnenfelderzeit errichtet worden. Erst nach 200 Jahren Unterbrechung hatte man ihn wieder belegt und von da an kontinuierlich bis ins 4. vorchristliche Jahrhundert fortgeführt.

Tipp

Zwei Kilometer östlich der Kirche des Nachbardorfes Sonderbuch liegt 250 Meter weit im Wald eine gut erhaltene keltische Viereckschanze (circa 85 × 60 Meter) aus dem zweiten vorchristlichen Jahrhundert. Die Umfriedung eines vermeintlichen Herrenhofes weist einen Torzugang im Westen auf. Man fährt auf der Kreisstraße 7385 Richtung Wippingen. Nach 1,3 Kilometern Haltemöglichkeit im Wald rechts. Von hier etwa 500 Meter den parallel zur Straße verlaufenden Waldweg begehen, er führt an der nördlichen Schanzenseite vorbei.

GRABHÜGELGRUPPE – KÜPFENDORF
Friedhof der Eisenzeit

Lage
Das Grabhügelfeld liegt im Waldrand südwestlich von Steinheim-Küpfendorf (Kreis Heidenheim).

Erreichbarkeit
Zwischen Gerstetten, Steinheim und Heidenheim von der Landesstraße 1165 auf die Anhöhe nach Küpfendorf. Am Ortseingang steht rechts ein bäuerliches Anwesen. Danach zweigt die Straße links in die Ortsmitte ab, hier rechts (südlich) der Straße 750 Meter bis zum Waldrand folgen. Von dort rund 500 Meter entlang des Waldrandes bis zum Beginn des rund 100 × 100 Meter großen Gräberfeldes im Wald.

In den Wäldern auf der Heidenheimer Alb hat sich eine auffällig dichte Konzentration von Grabhügelgruppen erhalten. Die wenigen erforschten Grabaufschüttungen datieren in den Beginn der keltischen Epoche, also in die ältere Hallstattzeit. Der trotz ihres hohen Alters von rund 2800 bis 2600

Jahren gute Erhaltungszustand ist damit zu erklären, dass die ausgedehnten Wälder von der landwirtschaftlichen Nutzung verschont blieben. Es könnte sich in der Vielzahl der keltischen Friedhöfe zudem auch eine hohe Siedlungsdichte widerspiegeln. Die Grabhügelfelder liegen inmitten des reichen Bohnerzvorkommens auf der Ostalb. Bisher fehlt hier der direkte Nachweis keltischer Eisenverhüttung. Doch die Nähe der Gräber zu den Rohstofflagern des von den Menschen neu entdeckten metallenen Werkstoffs kann nicht zufällig sein – schließlich datieren die Friedhöfe in den Beginn der Epoche der Eisenzeit.
Südöstlich des abgeschiedenen landwirtschaftlichen Weilers Küp-

fendorf, inmitten einer Rohdungsinsel, liegen mindestens 18 frühkeltische Grabhügel im beginnenden „Küpfendorfer Holz". Ein erster Hügel wurde 1847 ausgegraben, acht weitere um 1900 teiluntersucht. Neben vielen von Steinen umkränzten Gefäßen wurden Reste von Fibeln (Gewandnadeln) und bronzenen Hals- und Armringen gefunden. Die Urnenreste einerseits und Bruchstücke von Keramik aus der jüngeren Hallstattzeit anderseits sind Beleg für eine Kontinuität der Bevölkerung, zumal noch deutliche Beziehungen zur vorherigen Bronze- und Urnenfelderzeit zu erkennen sind.

Tipp

Ein Friedhof mit 33 Hügelgräbern liegt 200 Meter südlich der Bebauung der Nachbargemeinde Heidenheim-Mergelstetten im Wald. Die bis zu 2,5 Meter hohen Gräber waren namengebend für das Gewann „Scheiterhau". Es grenzt, durch einen geteerten Wirtschaftsweg getrennt, an das Neubaugebiet Reutenen an. Von der Ravensburger Straße führen Fußwege auf den Außenweg. Man folgt ihm westlich bis zum Ende der Bebauung, dann nach links zu einem Zwickel und hier wieder links nach Süden. Nach 100 Metern schneidet dieser Waldweg zwei Grabhügel. Westlich davon, auf 250 Meter Länge, erstreckt sich der Friedhof bis auf die Höhe des Tuttlinger Weges.

WAGENGRÄBER – ST. JOHANN
Mit Statussymbol ins Jenseits

Lage
Die Grabhügelfelder liegen nordwestlich und nördlich von St. Johann-Würtingen, nahe dem Albgut Lindenhof sowie dem Gestütshof (Landkreis Reutlingen).

Erreichbarkeit
Auf der Landesstraße 380 von Eningen Richtung Würtingen. Rund 700 Meter nach der Abfahrt zum Gestütshof (Parkplatz) biegt ebenfalls links ein Feldweg ab, der nach 200 Metern zum Wald Heselbuch führt. Der hier rechts abzweigende Waldweg durchschneidet nach 100 Metern das Gräberfeld „Eulenwiesen" (10 Hügel, darunter ein Wagengrab). Das weitere Gräberfeld „Holzwiesen" liegt 2,5 Kilometer nordwestlich der Würtinger Kirche: Von dort in die ortsauswärts führende Eninger Straße (Richtung Albgut Lindenhof) über freies Feld. Wo eine Hochspannungsleitung die Straße quert, liegen rund 11 Hügel (darunter ein Wagengrab).

Die Entdeckung des neuen Rohstoffes Eisenerz unter den kargen Albböden lässt Bauern zu Industriellen werden: Auf der St. Johanner Berghalbinsel entstand vor 2700 Jahren eine regelrechte Wirtschaftszone. Südlich des Fohlenhofs sind zahlreiche Bohnerzlager aufgeschlossen. In ihrer Nähe liegen mehrere Grabhügelgruppen; die Lage der dazugehörigen Herrenhöfe ist unbekannt. Mehrere Verhüttungsstellen sind beim Fohlenhofer Feld archäologisch erfasst worden. Sie stammen aber erst aus dem 4. vorchristlichen Jahrhundert. Aus dem frühen Erzzentrum sind allein drei Wagengräber bekannt – Hügel, in denen die Verstorbenen einen vierrädrigen Prunkwagen, mitunter sogar Pferde, auf dem Weg ins Jenseits mitbekommen haben. Es könnten frühe „Erzbarone" gewesen sein, die irgendwie an der Förderung, Bearbeitung oder am Transport des begehrten Rohstoffes verdient hatten und zu Macht gelangt waren.

Mit dem Know-how der aus dem Karpatenbecken einfließenden Eisentechnologie kamen auch völlig neue Einflüsse auf die Alb: Die Kelten machten sich die Statussymbole der Reitervölker zu eigen. Pferde und Wagen, Reiten und Fahren werden zum Ausdruck einer sozialen Überlegenheit.

Julius von Föhr grub 1884 n den Eulenwiesen einen 19 Meter breiten Hügel an. Er entdeckte je v er mit Eisenlanzen bewaffnete Skelette die an drei Stellen von Südost nach Südwest mit Bronzebeigaben bestattet worden waren. „In ihrer Nähe große Knochen von Pferden (...) und mitten durch den Hügel hindurch mit einer Eisenrostschicht und mit so sonderbaren Figuren imprägniert (...) Spuren eines eisernen Wagens samt davor gespannter Tiere."

Bei weiteren Ausgrabungen (1852 und 1897) sind Gräber angeschnitten worden, bei denen es unklar ist, ob ursprünglich nicht nur e nzelne Wagen-Bestandteile als symbolische Beigaben mitbestattet worden sind. Ob Wagengräber einen kultischen Hintergrund (Fahrt ins Jenseits) haben oder zur Heroisierung

der Toten dienten, weiß man nicht. Ein Statussymbol war es allemal. Im antiken Rom hatten nur der Kaiser und höchste Beamte das Recht, mit dem Wagen durch die Stadt zu fahren.

Tipp

Eine Grabhügelgruppe mit Wagengrab liegt 1,8 Kilometer östlich von Hossingen, direkt rechts an der nach Meßstetten führenden Kreisstraße 6743, kurz vor einem Wald.

Im geschichtlichen Ausflugsführer „Die Kelten. Geheimnisvoll und mystisch" sind alle obertägig sehenswerten Stätten des letzten vorchristlichen Jahrtausends auf dem gesamten Gebiet der Alb zusammengefasst. In kompakter und übersichtlicher Form werden mehrere Hundert Plätze auf 200 Seiten beschrieben. (Verlag Oertel + Spörer, Reutlingen, 19,90 Euro).

KELTENSTADT PYRENE
Ältester Ort Deutschlands

Lage
Die Heuneburg liegt am Nordufer der Donau, zwischen Mengen und Herbertingen (Landkreis Sigmaringen).

Erreichbarkeit
Von der Bundesstraße 311 (Sigmaringen – Riedlingen) zweigt zwischen Mengen und Herbertingen die Straße nach Hundersingen ab (am Ortsende liegt das Keltenmuseum). Die Kreisstraße 8261 führt weiter Richtung Binzwangen an den Parkplätzen zum Freilichtmuseum vorbei.

Auf einem Geländesporn oberhalb der jungen Donau liegt der älteste historisch erwähnte Ort Mitteleuropas – die frühkeltische Stadt Pyrene. Der Burgberg bildete bereits über 500 Jahre während der Bronzezeit ein regionales Machtzentrum, lag dann weitere 500 Jahre wüst. Doch gegen Ende des 7. vorchristlichen Jahrhunderts begann der Aufstieg zum bedeutendsten „Fürstensitz" nördlich der Alpen – einem keltischen Stadtstaat auf der südlichen Schwäbischen Alb. Noch heute zeugen die mächtigen Wälle der Zentralsiedlung und die gewaltigen, prunkvollen Grabhügel ihrer Eliten von einem untergegangenen Volk, das einst an der Schwelle zur Hochkultur stand.

Im wirtschaftlichen Aufwind des Eisenhandels ließ sich um 620 vor Christus ein keltischer Stamm auf dem Burgberg nieder. Er errichtete auf den Ruinen der Vorgängersiedlung rund 20 bäuerliche Gehöfte, umgeben von einer 4 Meter breiten Holz-Erde-Mauer. Die junge Stadt wurde ab 600 vor Christus nach mediterranem Vorbild umgestaltet: Im Norden wurden eine Vorburgsiedlung und eine Außensiedlung angelegt, die auf über 2 Kilometer Länge und 100 Hektar Größe anwuchs (und heute unter Ackerböden liegt). In der Burg riss man die Bauernhöfe ab und ersetzte sie durch eng bebaute Häuserzeilen, die mit ihren Reihenwohnungen, Werkstätten, Läden und rechtwinkligen Gassen großstadtähnliches Flair hatten. Um sich auf Augenhöhe mit den antiken Machtzentren und Handelspartnern des Mittelmeeres zu bewegen, wurde jene monumentale, 756 Meter lange und 6 Meter hohe, weiß getünchte Lehmziegel-mauer mit Türmen errichtet – so wie sie heute das Freilichtmuseum teilrekonstruiert zeigt. Das 16 Meter lange und 10 Meter breite, steinerne Stadttor, errichtet über einem 14 Meter breiten und 6 Meter tiefen Burggraben, ist im antiken Nordeuropa einzigartig.

Pyrene, mit seinen geschätzten 5000 Bewohnern, wurde ein Zentrum der Feinmetallverarbeitung und der Keramikindustrie. Man trieb Handel mit den Metropolen der alten Welt. Um 530 vor Christus ging die Stadt samt Außensiedlung in einer kriegerischen Brandkatastrophe unter. Der Wiederaufbau erfolgte mit lockeren Hofstellen und gewaltigen Herrenhäusern (Rekonstruktions-bau auf dem Museumsgelände). Ein neuerlicher Großbrand um 480 vor Christus besiegelte das endgültige Aus der Stadt.

Tipp

Das Freilichtmuseum Heuneburg zeigt ständig aktuelle Grabungsergebnisse und veranstaltet Aktionen. Im zwei Kilometer entfernten Keltenmuseum in Hundersingen (Binzwanger Straße 14) werden ältere Funde der Ausgrabungen und Einblicke in das Leben vor 2500 Jahren gezeigt. Öffnungszeiten beider Museen: zwischen April und November täglich, außer montags von 10 bis 17 Uhr. Telefon 07586/920821 www.heuneburg.de

FÜRSTENGRABHÜGEL HEUNEBURG
Die Gräber der Eliten

Lage
Die Heuneburg liegt am Nordufer der Donau, zwischen Mengen und Herbertingen (Landkreis Sigmaringen).

Erreichbarkeit
Von der Bundesstraße 311 (Sigmaringen – Riedlingen) zweigt zwischen Mengen und Herbertingen die Straße nach Hundersingen ab (am Ortsende liegt das Keltenmuseum). Die Kreisstraße 8261 führt Richtung Binzwangen an den rechts der Straße liegenden Großgrabhügeln Lehenbühl und Baumburg vorbei. Rund 400 Meter nördlich der Parkplätze zum Freilichtmuseum liegen beidseitig der Straße die vier Grabhügel der Gießübel-Talhau-Nekropole.

Im Alten Reich der Ägypter ließen sich die Regenten entlang der Lebensader des Nils unter den berühmten Pyramiden bestatten. Gut 600 Jahre später wählten auch die Kelten das Tal des bedeutendsten Flusses Mitteleuropas zum Ausgangspunkt ihrer letzten Reise. Sie errichteten beidseits des Beginns der schiffbaren Donau ein Dutzend Großgrabhügel. Die beeindruckten schon die Römer. Der um 102 nach Christus verstorbene Historiker Tacitus schreibt in der „Germania": „Denkmäler und Grabhügel sollen an der Grenze von Germanien nach Rätien noch heute bestehen".

Im Mittelalter konnte man sich nur riesenhafte Hünen (Heunen) unter diesen Grabhügeln nahe einer ebenso überdimensioniert umwallten (Heune-)Burg bestattet vorstellen.

Dort zerstörte um 530 vor Christus ein Feuer nicht nur die Akropolis von Pyrene, sondern auch die Außensiedlung. Die Indizien sprechen für einen kriegerischen Akt. Denn die vor der Stadt liegenden Gehöfte werden nicht mehr aufgebaut, und die Innenbebauung wird völlig anders aufgezogen. Gut 400 Meter vor dem Stadttor werden in den abgeräumten Ruinen nacheinander vier Großgrabhügel mit je 50 bis 60 Meter Durchmesser und rund 5 bis 6 Meter Höhe errichtet. Sind es noch die alten Herren, die hier bestattet werden, oder gehören sie zur neuen Dynastie der möglichen Sieger? Als man 1876 den nördlichsten Hügel dieser, nach dem

Gewann Gießübel-Talhau benannten Nekropole öffnet, kommen trotz antiker Beraubung noch wertvollste Beigaben und sehr viel Gold zutage. Seither spricht die Forschung von „Fürstengräbern". In der Grabkammer liegt das Skelett eines gichtkranken älteren Mannes, „Angehöriger einer östlichen Rasse aus Illyrien. Auffallend der stark neandertaloide Charakter im vorgebauten Gebiss, den starken Überaugenwülsten in der fliehenden Stirn". Ihm zur Seite liegen eine junge und eine ältere Frau, nebst einem vierrädrigen Wagen. Im geplünderten Nachbarhügel liegen zwei Skelette mit einigen Bronzebeigaben.

Im dritten Hügel, östlich der Straße, wurden über der Grabkammer nach der Beerdigung ein Feuer entfacht, Tiere geopfert und ein Festmahl gefeiert. Danach wurde über die Reste der Zeremonie der Hügel aufgeschüttet. Später folgten sechs Nachbestattungen.

Der vierte Hügel war bald nach der Bestattung zentral beraubt worden. Die Plünderer waren von oben in die Kammer eingedrungen und hatten den Wagen zerhackt, um die Metallbeschläge durch das enge Einstiegsloch zu bringen. Die Beigaben der 23 Nachbestattungen (auch Frauen und Kinder) übersahen sie.

Tipp

Der archäologische Rundwanderweg (8 Kilometer, Start am Parkplatz) führt zu einem Dutzend Highlights der keltischen Geschichte. Darunter zum mithin größten Grabhügel Mitteleuropas. Unter dem 85 Meter breiten Hohmichele könnte der Gründer der Heuneburg-Dynastie begraben worden sein. www.heuneburg.de/wanderweg

ALTE BURG LANGENENSLINGEN
Antike Wagenrennen auf der Alb?

Lage

Der Bergsporn Alte Burg liegt im Warmtal zwischen Langenenslingen, Emerfeld und Friedingen (Landkreis Biberach).

Erreichbarkeit

Von Langenenslingen am östlichen Ortsausgang auf der Landesstraße 415 Richtung Billafingen. Nach 250 Metern nach rechts auf den Verbindungsweg Richtung Weiler Warmtal/Emerfeld. Nach rund zwei Kilometern erreicht die Straße den Waldrand unterhalb der Südspitze der Alten Burg. Nach 200 Metern führt ein erster von weiteren Waldwegen beidseits des Sporns auf das Bergplateau, ebenso gelangt man aus Richtung Friedingen ohne Steigung über Forstwege zur Alten Burg. www.denkmalpflege-bw.de/denkmale

Eine antike Circus-Arena, ein griechisches Hippodrom, also eine Pferdewagen-Rennbahn, ein Stadion für Sportwettkämpfe oder ein zentrales religiöses Zentrum? Wer vom beschaulichen Warmtal am Südrand der Alb auf den bewaldeten Bergsporn blickt, tut sich schwer mit dem Gedanken, dass hier vor 2500 Jahren das Kultzentrum einer mehrere Tausend Menschen zählenden Bevölkerung lag. Und doch: „Wir haben hier, neben Stonehenge, die älteste Steinarchitektur aus vorrömischer Zeit nördlich der Alpen", sagt Landesarchäologe Professor Dirk Krausse. Im Sommer 2015 war sein Team auf eine Anlage mit monumenta-len Ausmaßen gestoßen: Auf einer Länge von 340 Metern und einer Breite von 60 Metern war der 2 Hektar große, zungenförmige Bergsporn planiert und zugeformt worden. „Mit einem unvorstellbaren Aufwand wurden die Hangkanten rundherum verbreitert und mit starken Stützmauern eingefasst." Auf etwa halber Höhe der steilen Hänge zieht auf beiden Längsseiten jeweils eine Terrasse entlang. Im Nordosten führt ein breiter „Prozessionsweg" aus dem Tal den steil abfallenden Hang des Bergrückens hinauf. Der hell leuchtende kalksteinweiße Monumentalbau dürfte Reisende nach der Alpenüberquerung bereits in

Oberschwaben den Weg gewiesen haben.

Eine die Hochfläche querende tribünenartige Mauer aus geschichteten Kalksteinen an der Stirnseite war 13 Meter stark und besaß eine Höhe von rund 10 Metern. Im Zentrum des geebneten Plateaus verlief eine lang gestreckte Längsteilung. „Das hat frappierende Ähnlichkeiten mit einer antiken Spielstätte." Auf dem Plateau liegt zudem ein 4,5 Meter tiefes Schachtgrab im Fels. In der laufend ausgeräumten Grube fanden sich noch 70 menschliche Skelettfragmente, die allerdings aus der späteren Keltenzeit stammen. „Vorstellbar, dass hier unterirdischen Göttern geopfert wurde. Aber vielleicht handelt es sich auch nur um eine Art Totenhaus, in dem aus Grabhügeln umgebettete Skelette deponiert wurden."

Tipp

Westlich der Alten Burg ragt ein 709 Meter hoher Bergkegel aus dem Warmtal. Hier lag die vergessene Hochadelsburg der Herren von Habichtsberg. Im 11. Jahrhundert erbaut, um 1600 abgebrochen. Der Berg mit den zwei Wallanlagen an der Nordseite könnte ebenfalls im Kern Teil des frühkeltischen Höhensiedlungssystems gewesen sein.

GROSSE HEUNEBURG UPFLAMÖR
Keltischer Stadtstaat

Lage

Die Große Heuneburg liegt im Südwesten von Zwiefalten-Upflamör (Landkreis Reutlingen), rund 2,5 Kilometer nordöstlich von Friedingen.

Erreichbarkeit

Von Zwiefalten bei der Klosterbrauerei westlich auf der Kreisstraße 6745/44 durchs höhlenreiche Tobeltal nach Upflamör. Am Ortsende abwärts in Waldstetter Tal, Richtung Friedingen. Am Ende des Waldes jedoch links abwärts ins Friedinger Tal zum Wanderparkplatz. An der tiefsten Stelle des Tales führt ein ausgeschilderter Pfad nach 700 Metern in die Große Heuneburg (Infotafeln).

In die dichten Wälder der Zwiefalter Alb verirren sich heute nur wenige Wanderer. Die Vorstellung, dass hier einmal ein Mittelpunkt der antiken Welt lag, mutet schwer vorstellbar an. In der urigen Abgeschiedenheit des Friedinger Tals thront eine monumentale Befestigungsanlage über schroffen Felsabstürzen. Sie wird, zur Unterscheidung zum kleineren Burgberg bei Hundersingen, als Große Heuneburg bezeichnet.

Jüngst ist ein Team um den Landesarchäologen Professor Dirk Krausse in dem seit der Bronzezeit genutzten Areal auf die Überreste einer gewaltigen Steinmauer gestoßen. Die heute dicht bewaldete Anlage gliedert sich in eine von deichartigen Wällen umgebene, mehr als 5 Hektar große Hauptburg und einen an der Nordseite anschließenden 1,5 Hektar befestigten Annex, eine Art Schanze. Der halbrunde Außenwall entpuppte sich nicht als Erdaufschüttung, sondern im Kern als zweischalig aufgetürmte Trockenmauer aus Kalksteinen. Man stieß auf eine 3,6 Meter breite und noch 1,6 Meter hohe Mauer. Die Wölbung des Walls reihum stellte sich als Versturz der oberen Mauerschichten nach beiden Seiten dar; die Ummauerung muss also einst viel höher und durch den hell leuchtenden Kalkstein weithin sichtbar gewesen sein. Das verschüttete Tor liegt im Westen. Demnach führte ein Weg aus dem Steilhang ins Innere. Im Norden konnte der Grundriss eines 16 x 9 Meter wuchtigen Hauptgebäudes ergraben werden; es traten zahlreiche Siedlungsfunde zutage, darunter Keramik aus den Werkstätten der Heuneburg, die in Sichtweite liegt.

Krausse geht davon aus, dass die Anlage bei Upflamör im 6. vorchristlichen Jahrhundert Teil eines mit einem griechischen Stadtstaat (Polis) wie Athen vergleichbares Zentrum war: Pyrene, die nördlichste Stadt der Antike und damit auch der älteste schriftlich erwähnte Ort des heutigen Deutschlands.

Tipp

Der frei stehende Kegelberg Bussen mit seiner viel besuchten Wallfahrtskapelle war offenbar auch Teil des keltischen Zentrums zur Blütezeit der Stadt Pyrene (620 bis 530 vor Christus). Die noch unerforschten Wälle, Gräben und Abböschungen einer mittelalterlichen Burganlage im Nordosten könnten im Kern späthallstattzeitlich sein.
www.gepris.dfg.de/heuneburg

LIMBURG WEILHEIM/TECK
Wohnung auf dem Vulkan

Lage

Der Zeugenberg Limburg liegt zwischen der Teckalb und der Stadt Weilheim (Landkreis Esslingen).

Erreichbarkeit

Der Gipfel des Weilheimer Hausberges, einstiger Standort einer Hochadelsburg, ist nur zu Fuß durch die Weinberge zu erreichen. In der Ortsmitte von Weilheim auf die Kreisstraße 1252 Richtung Bissingen nach Westen. Am Ortsende führt ein Weg nach links (südlich) zum Wanderparkplatz am Fuße des Berges (Aussichtspunkte). www.weilheim-teck.de

Mit den ersten Hinweisen antiker Schriftsteller über das Volk der Kelten beginnt die Epoche der jüngeren Eisenzeit. Ihrer typischen Funde nach La-Tène-Zeit genannt. Der namensgebende Fundplatz La Tène liegt am Ostufer des Neuburger Sees (Schweiz). Bei Ausgrabungen im 19. Jahrhundert barg man über 2500 Objekte eines keltischen Heiligtums aus dem Moor. Die Funde ermöglichten eine dendrochronologische Datierung. Die La-Tène-Kultur entwickelte sich unter mediterranem Einfluss aus der hallstattzeitlichen Kultur. Ihr Merkmal ist ein bisher nicht gekannter kunsthandwerklicher Stil, der florale Ornamente und Tier- sowie Menschenbildnisse in den Mittelpunkt stellt, fantastische Fabelwesen und dämonische Fratzen hervorbringt, die das mystisch-rätselhafte der keltischen Kultur begründen.

Die Besonderheiten der Kultur sind Schmuck aus Glas, wie Arm- und Fingerringe und Perlen. Die Alb bildete das Kerngebiet einer Zone, die vom Genfer See bis zum Main und vom Pariser Becken bis nach Ungarn reichte. Kulturell grenzt sich das auf Baar, Hegau und Südwestalb ausgedehnte Siedlungsgebiet der Helvetier Richtung Rheingebiet ab. Die Bewohner der Mittleren Alb und der Ostalb und die der Donauseite bis zum Bodensee und hinein ins Bayerische tendieren nach Osten und liegen im Einflussbereich des großen Stammes der Vindeliker.

Die Forschung ist sich noch nicht sicher, ob die frühlatènezeitlichen

Höhensiedlungen der Alb eine eigene Besiedlungsphase darstellen oder ihren Anfang noch in der Späthallstattzeit hatten. Sicher scheint, dass die Bergbesiedlung um 330 vor Christus auf allen Albhöhen zugunsten einer Talbesiedlung aufgegeben wurde.

Am Trauf der Alb finden sich lediglich auf der Kocherburg bei Aalen, der Teck und dem ehemaligen Vulkanschlot der Limburg frühlatènezeitliche Siedlungsspuren. An fünf verschiedenen Stellen wurden auf der Limburg 2400 Jahre alte Topf- und Schüsselscherben aufgelesen, bei neuen Grabungen hat man zudem Pfostengruben aufgedeckt.

Tipp

Auf dem benachbarten Burgberg der Teck liegen Siedlungsfunde vom Bereich des Aussichtspunktes Gelber Felsen (200 Meter nördlich davon) vor: eine Gewandspange und das Randstück einer Schüssel. Beim Herzogsbrunnen wurde 1960 ein Grabhügel abgetragen, aus dem Reste einer Bestattungsbeigabe (verschiedene Schüsseln) geborgen wurden, die zu der unbekannten Siedlungsstelle gehören. (Anfahrt ausgeschildert ab Owen, Parkplatz am Fuß des Burgbergs.)
www.burg-teck-alb.de

RADBERG – HERBRECHTINGEN
Herrenhaus überm Brenztal

Lage

Der Radberg liegt am Osthang des Eselsburger Tals, rund 800 Meter südlich der Klosterkirche von Herbrechtingen (Landkreis Heidenheim).

Erreichbarkeit

Autobahn 7, Abfahrt Herbrechtingen. Am Ortseingang links in die Eselsburger Straße, südlich ins Tal (Straße sonntags für den Verkehr gesperrt). Nach 400 Metern beginnt rechts eine Kleingartenkolonie am Brenzufer. Etwa 200 Meter nach der Zufahrt folgt ein zweiter Stichweg. Dazwischen zweigt links das Katzental ab (Steinbruch). Zwischen beiden letzten Wegen erhebt sich der Radberg. Das Eselsburger Tal mit seinen markanten Felsformationen, darunter den bekannten Nadeln der Steinernen Jungfrauen, lässt sich in einem 5 Kilometer langen Rundweg erkunden. www.heidenheimer-brenzregion.de

Schlagartig setzt um 400 vor Christus eine lang anhaltende Kälteepoche ein. Seit Menschengedenken war es in Nordeuropa ungewöhnlich mild gewesen. Von diesem Klima hatte neben der allgemeinen Lebensweise vor allem die Wirtschaft profitiert. Nicht nur an der Donau, auch auf der Riesalb, dem Ipf, eta-

blierten sich Handelszentren, in die die schnell anwachsende Albbevölkerung eingebunden war. Nun ist es vorbei mit landwirtschaftlichen Überschüssen, der Import von Waren bricht ab. Die Strukturen zerfallen. Stattdessen Missernten und Hungersnöte, innere Unruhen. Die Menschen sind gezwungen, ihr Heil in der Flucht zu suchen – der Beginn der Keltischen Wanderungen in den Mittelmeerraum. Nicht als Raubzug beutesuchender Horden, sondern als eine von Existenznot und Überbevölkerung getriebene Auswanderung. Mit dem Abzug der Eliten verschwinden auch die großen Grabhügel und Herrenhöfe aus dem Fundbild. Eine neue Gesellschaftsordnung entsteht, die sich archäologisch nur schwer fassen lässt.

Auf dem Radberg ist eine der ganz wenigen befestigten Höhensiedlungen nachweisbar, die Spuren der späten Hallstatt- wie auch solche der neuen La-Tène-Zeit aufweist. Die 0,2 Hektar kleine, gegen das Brenztal vorspringende trapezförmige Plateau-Kuppe war gegen das Hinterland von einem leichten Wall mit hölzernen Aufbauten gesichert. In dieser Hofstelle fanden sich Feuerstellen und Knochenreste von Schwein und Schaf. Gut möglich, dass hier nur ein „Häuptlingssitz" erfasst wurde, dessen Sippe

entlang des Talgrundes gesiedelt hatte.

Tipp

Eine der mächtigsten urnenfelderzeitlichen Anlagen hat sich wenige Gehminuten vom Radberg gegenüber dem Weiler Eselsburg in der Flussschlinge der Brenz erhalten. Man erreicht den „Buigen" (Bogen) über eine Brücke und einen steilen Anstieg. Ein 165 Meter langer Abschnittswall und ein 550 Meter langer Westhang sichern die 750 Meter lange Bergsiedlung. Die Spornfläche wird zudem von mächtigen Wällen umschlossen.

OPPIDUM RIUSIAVA – GRABENSTETTEN
Gallische Stadt auf der Alb

Lage

Die größte spätkeltische Stadtanlage liegt auf der Berghalbinsel zwischen Erkenbrechtsweiler, Hülben und Grabenstetten (Landkreis Reutlingen).

Erreichbarkeit

Von der Siedlung haben sich ausgedehnte Wallanlagen und ein Grabhügelfeld erhalten. Ein 23 Kilometer langer archäologischer Rundweg bietet an fünf Orten Einstiegsmöglichkeiten zur Erkundung der antiken „Stadtmauer": 1. Am Ende der Steige (Kreisstraße 1262) zwischen Beuren und Erkenbrechtsweiler, 2. Am Waldparkplatz der Burg Hohenneuffen (K 1244), 3. An der Ausflugsgaststätte Burrenhof/Grabhügel-Friedhof nördlich von Hülben (Landesstraße 250), 4. Zwischen Burrenhof und Grabenstetten (K 6759), 5. Zwischen Böhringen und Grabenstetten, am Walldurchbruch (K 6758).

Nach den klimabedingten großen Auswanderungswellen in den Mittelmeerraum setzte langsam eine Rückkehr ein. Die Eindrücke aus dem kulturell hoch entwickelten Süden brachten zurückkehrende Kelten in die Heimat ihrer Vorfahren mit. Sie hatten die Welt gesehen, die griechische Zivilisation bestaunt und die straffe römische Verwaltung kennengelernt. Zusammen mit ihren eigenen Traditionen eiferten sie den antiken Hochkulturen nach, kopierten sie, übernahmen die Münzprägung, aber schufen letztlich doch etwas völlig Neues: die ersten großstadtähnlichen Wohn- und Handelszentren nördlich der Alpen – die „oppida" (Einzahl: „oppidum"). Julius Cäsar hatte die befestigten Städte der Gallier so bezeichnet.

Der „Heidengraben", die größte der sechs baden-württembergischen Oppida, ist auch das größte Oppidum nördlich der Alpen: Die 1770 Hektar große Stadt vereinnahmte das gesamte halbinselartige Plateau der nördlichen Uracher Alb. Die 10 Kilometer langen Wehranlagen haben dem Dorf Grabenstetten den Namen gegeben. Das antike, eng bebaute Zentrum bildete die von einem gesonderten, 6,8 Kilometer langen Befestigungsring umgebene, etwa 165 Hektar große „gallische Stadt" – das antik überlieferte Riusiava. In der Vorstadt standen Gehöfte und kleine Weiler. Die beherrschende Stellung dieser um 150 vor Christus mit Tausenden Menschen bewohnten Stadt währte offenbar nur rund dreißig Jahre. Riusiava war ein Handelszentrum, gelegen zwischen den Verschiffungsstellen des 10 Kilometer entfernten Neckars und der Donau bei Zwiefaltendorf. Ware kam aus dem Mittelmeerraum. Umfangreiche keltische Münzfunde, Amphorenscherben mit Resten von Fischsuppe und Luxusgeschirr zeugen vom gehobenen Lebensstil der Metropole, deren Bewohner an der Schwelle zur Hochkultur standen. Um 100 vor Christus wurde das Oppidum aus ungeklärten Gründen aufgegeben.

Tipp

Das vom Förderverein betriebene kleine Keltenmuseum in Grabenstetten zeigt Funde vom Heidengraben. Geöffnet: Mai bis Oktober, sonntags von 14 bis 17 Uhr oder nach Vereinbarung. Telefon 07382/387

Rund 100 Meter von der Gaststätte Burrenhof entfernt ist ein archäologisches Infozentrum im Entstehen; nahe eines mit 30 (sichtbaren) Grabhügeln umfassenden Friedhofs und Kultplatzes, der zwischen 1200 und 100 vor Christus durchgängig belegt war.

www.kelten-heidengraben.de
www.heidengraben-oppidum.de
www.heidengraben.com

VIERECKSCHANZE – NIEDERSTOTZINGEN
Der Sitz der Häuptlinge

Lage
Die gut erhaltene Viereckschanze von Niederstotzingen (Kreis Heidenheim) liegt 2,2 Kilometer nördlich im Wald „Sparenhau".

Erreichbarkeit
In der Stadtmitte der Burgberger Straße 1,6 Kilometer geradeaus nördlich bis zum Waldrand folgen (parken). Dann links auf dem Weg 250 Meter entlang des Waldrandes. Dem hier beginnenden Abschnitt der Römerstraße folgt man 400 Meter in den Wald hinein, bis zu einer Gabelung an einem historischen Grenzstein. Die Schanze liegt nach weiteren 50 Metern im Zwickel beider Wege.

Rathaus, Wirtsstube, Kirche, Pfarrhaus – die vier nahe beieinander stehenden Grundpfeiler eines Dorfes, wie wir es heute noch vielfach auf der Alb antreffen. Eingeführt haben diesen Komplex eigentlich die Kelten. Um 200 vor Christus entstehen im ganzen Land nach und nach jene rechteckigen Anlagen, die von einem Erdwall mit vorgelagertem Graben umgeben sind. Viereckschanzen wird man sie später nennen, weil die Forscher des 19. Jahrhunderts in ihnen Standlager der römischen Armee vermuteten, zumal sie im Aufmarschgebiet der Eroberungsfeldzüge liegen.

Die neuesten Erkenntnisse sehen die Anlagen als repräsentative und – einem Kirchhof ähnlich – umwehrte Rechteckhöfe, die innerhalb eines Sippen- oder Siedlungsverbandes die Zentralörtlichkeit darstellten. Hier wohnte die Familie des „Häuptlings", vorzugsweise in einem großen Haupt- oder gar Hallengebäude mit freiem Vorplatz. Die kann man sich, umkränzt von weiteren Nebengebäuden, wie dem Vorratsspeicher der Gemeinschaft, als Versammlungsstätten vorstellen. Ob der örtliche Stammesführer auch religiöse oder kultische Funktionen übernehmen konnte, also neben dem Amt eines „Bürgermeisters" auch das eines „Pfarrers" ausübte, bleibt ungeklärt. Die Viereckschanze umschloss somit einen Dorfplatz und bildete damit den vielschichtigen Mittelpunkt der ländlichen Lebenswelt. Die Größe der Anlagen schwankt zwischen

0,4 und 1,2 Hektar, war wahrscheinlich von der Größe eines Siedlungsverbandes abhängig. Mehr als 300 sind bisher zwischen Alpen, Main, Oberrhein und Böhmen entdeckt worden. Auf der Schwäbischen Alb konzentrieren sich die Höfe in drei Gebieten, wo sie sich obertägig meist gut erhalten haben: Rund ein Dutzend der Gevierte gruppieren sich um den alten Fürstensitz der Heuneburg. Ein zweiter Schwerpunkt ist das württembergisch-bayerische Grenzgebiet auf der Ostalb. Eine weitere lockere Häufung gibt es auf der Blaubeurener Alb.

Tipp

Die aus Erde und Stein angehäufte Schanze von Niederstotzingen ist sehr gut erhalten. Der Wall misst von der unverfüllten Grabensohle aus 3,8 Meter. Das Eingangstor des Rechteckgehöfts lag im Süden. Unmittelbar entlang der 140 Meter langen Westseite läuft die Trasse der um 80 nach Christus erbauten römischen Heerstraße, die die Kastelle Günzburg und Heidenheim miteinander verband.
www.stadt-niederstotzingen.de

VIERECKSCHANZEN – HEILIGKREUZTAL
Wein vom Mittelmeer

Lage

Die gut erhaltenen Viereckschanzen von Altheim (Kreis Biberach) liegen je 1200 Meter östlich und südlich des Klosters Heiligkreuztal.

Erreichbarkeit

Von Langenenslingen oder der Heuneburg über die Landesstraße 278 nach Heiligkreuztal. Südlich des Klosters führt eine Abfahrt zunächst durch das Dorf. Zur Schanze im Wald Ban gelangt man, wenn man der Straße westlich ortsauswärts entlang des Waldes folgt. An einem scharfen Rechtsknick liegt die Anlage. Die Doppelschanze im Ruchenholz erreicht man, wenn man am Ortsbeginn den ersten Weg nach Süden einschlägt. Die Anlage liegt nach 300 Metern links im Wald.

Wenn sich wie im Gebiet des Klosters Heiligkreuztal auf relativ engem Raum fünf umwehrte Rechteckhöfe befinden, deutet das auf ein nachbarschaftliches Nebeneinander von verschiedenen Clans hin. Wenigstens weitere drei Viereckschanzen liegen im Donautal. Die Konzentration um das rund 250 Jahre zuvor untergegangene Handelszentrum Pyrene könnte man damit erklären, dass die Nachfahren der Eliten, die einst den Fürstensitz zur Blüte brachten, nach dessen Niedergang wieder in einzelne Gruppen zerfallen waren. Zumindest wollten oder konnten sie sich nicht dazu durchringen, ein neues Machtzentrum wieder innerhalb von Stadtmauern aufzubauen, wie es den Stämmen am Nordrand der Uracher Alb mit dem Oppidum Riusiava gelang. In beiden Gebieten wurde nach wie vor das begehrte Eisenerz abgebaut.

Möglicherweise aber bildeten die Kelten um die alte Heuneburg sehr wohl ein neues Zentrum. Es erschließt sich uns bisher nur nicht, weil es keinen nachweisbaren Zentralort gibt. Spätestens in der Zeit um Christi Geburt, als mit dem Vordringen der Weltmacht Rom die alten Handelsrouten und Ordnungen zusammenbrachen, endeten die keltischen Wirtschaftsstrukturen.

Im Wald „Ruchenholz" hat sich zwischen zwei Bachläufen eine rund 100 x 100 Meter große Schanze gut erhalten. Die Besonderheit liegt darin, dass es eine der seltenen Doppelschanzen ist. Sie besitzt nördlich ein kleineres, mutmaßlich nachträglich angebautes Annex mit etwa 60 Metern Seitenlänge. Grabungen im Jahr 1927 brachten Reste von aus dem Mittelmeerraum importierten Weinamphoren zum Vorschein. Fragmente römischer Leistenziegel könnten ein Indiz dafür sein, dass die Bewohner blieben, als die Römer kamen. Der Wall war einst mit Palisadenbauten oder mit Ecktürmen versehen. Ein Holztor im Westen – ähnlich einem Western-Fort – bestand aus zwei Holztürmen und verbindender Brücke.

Auch in der Schanze im Wald Ban (98 x 97 Meter) lebte eine spätkeltische Sippe der Oberschicht (Reste importierter Amphoren).

Tipp

Die benachbarte 100 Meter breite Schanze von Wilflingen, 2,4 Kilometer südlich des Schlosses, liegt in einer Rohdungsbucht direkt am Waldrand. Die nördliche Hälfte ist durch die heutige Landwirtschaft zerstört, der Rest beeindruckt durch seine 4 Meter hohen Wälle.

Römer und
Alamannen

CIVITAS IULIOMAGUS SCHLEITHEIM
Erste Kleinstadt der Alb

Lage
Die ehemalige römische Kleinstadt Iuliomagus, das heutige Schleitheim (Kanton Schaffhausen) liegt am Höhenzug des Randen.

Erreichbarkeit
Auf der Bundesstraße 314 Richtung Waldshut-Tiengen. Auf Höhe Stühlingen im Wutachtal zweigt links der Grenzübergang nach Schleitheim ab. Am Ortsbeginn führt ein ausgeschilderter Weg nach rechts zum freigelegten Keller- und zum Thermenmuseum (umfassende Renovierung bis Mai 2017). Das Lager von Dangstetten ist durch den Kiesabbau vollständig zerstört.

Um 15 vor Christus standen 20 000 Legionäre unter Tiberius nach der erfolgreichen Unterwerfung der Alpenregion am Hochrhein. Unterhalb dem südlichsten Ausläufer der Schwäbischen Alb, in Dangstetten, richteten die Römer ihr erstes Lager auf baden-württembergischem Boden ein – für sechs Jahre die Aufmarschbasis für weitere Feldzüge gegen die keltischen und germanischen Gruppen. Auch eine der später in der katastrophalen Varus-

schlacht im Teutoburger Wald aufgeriebene Legion hatte sich hier gesammelt.

Es wird vermutet, dass zunächst von Dangstetten aus eine Heerstraße zum vorgeschobenen Kastell Hüfingen (Brigobanne) angelegt wurde. Nahe des Wutach-Übergangs könnte eine Station gelegen haben, die sich später zu einer prosperierenden Kleinstadt (civitas) entwickelte: Iuliomagus. Ihr Name taucht in der berühmten antiken Straßenkarte Tabula Peutingeriana auf, die die ganze damals bekannte Welt zwischen Spanien und China umfasst.

Ums Jahr 45 wurde eine neue Heerstraße errichtet, die vom Lager der 11. Legion in Windisch (Vindonissa) über Iuliomagus bis nach Rottweil (Arae flavia) führte. Die bisher bekannten städtischen Gebäude verteilen sich auf eine Länge von beidseitig fast einem Kilometer entlang der antiken Fernstraße. Die gesamte Siedlung dürfte während ihres rund 200 Jahre währenden Bestehens auf 20 Hektar Größe angewachsen sein. Ein Großteil der Bauten besaß Steinfundamente mit Fachwerkaufbauten. Öffentliche Gebäude waren ganz aus Stein. So die große Badetherme, die als überdachtes Museum rekonstruiert wurde. Die Größe der Badeanstalt lässt vermuten, dass sie für durchmarschierende Truppen eingerichtet worden war.

Tipp

In Vitrinen ausgestellte Funde und Infotafeln sowie zwei Museen informieren detailliert über das Leben in der römischen Kleinstadt. Nur ein Bruchteil ist bisher erforscht worden. Beide Museen sind täglich geöffnet; Personal ist nicht vor Ort, man zahlt freiwillig in eine Kasse (Eintritt 3 Franken, Kinder frei). Führungen und weitere Informationen (zu Öffnungszeiten) gibt es im Tourismusbüro Randental.
Telefon +41 (0)79 744 89 20
www.museum-schleitheim.ch

GUTSHOF TENGEN-BÜSSLINGEN
Größter freigelegter Gutshof am Albrand

Lage

Die freigelegte Gutshofanlage mit römischer Straßentrasse liegt am Übergang vom Höhenzug des Randen zum Hegau, zwischen dem Tengener Teilort Büßlingen und der Bundesstraße 314, Landkreis Konstanz.

Erreichbarkeit

Autobahn 81, Abfahrt Hilzingen, auf der B 314 Richtung Tengen. Rund 3 Kilometer nach Ortsende Riedheim zweigt links die Kreisstraße 6142 nach Schlatt ab. Nach 500 Metern kreuzt die schnurgerade Trasse der alten Römerstraße (Hochsträß). Hier rechts abbiegen und nach 700 Metern zum Freilichtmuseum abbiegen (frei zugänglich).

Roms Eroberung des Neckargebiets ab 72 nach Christus wurde auch von Truppeneinheiten gedeckt, die im Kastell von Hüfingen stationiert waren. Hier sicherte eine tausend Mann starke Kaval-

lerieeinheit die bisherige Donaugrenzlinie. Schon bald nach der Vorverlegung des Limes nach Norden und dem Ausbau einer Heerstraße zur Operationsbasis und späteren Stadt Arae Flaviae (heute Rottweil) siedelten sich im sicheren Hinterland, dem Dekumatland (agri decumates) landwirtschaftliche Großbetriebe an. Diese mit unseren Aussiedlerhöfen vergleichbaren Gutshöfe (villae rusticae), hatten zunächst vordringlich für die Versorgung der Grenztruppen zu sorgen.

Am Übergang von der Randen-Alb zum Hegau entstand auf einem flachen Talhang an einem Bach ums Jahr 75 der mit 5,4 Hektar Betriebs- und 100 Hektar Bewirtschaftungsfläche zwar nicht größte angelegte, aber größte freigelegte Gutshof im Gebiet und Umfeld der Schwäbischen Alb.

Der Hofschwerpunkt lag in der Vieh- und Weidewirtschaft. Funde beweisen: Die Hofanlage war autark. Produkte für die etwa fünfzig gleichzeitig anwesenden Personen wurden vor Ort hergestellt. Sieben Generationen lang bewirtschafteten die Kolonisten und ihre Nachfolger den Gutshof. In dieser Zeit erfolgten zahlreiche Umbauten. Zehn Grundmauern von Steingebäuden – ein Sechstel des Hofareals – sind freigelegt worden. Alle Gebäude werden auf Infotafeln näher erläutert.

Das Ende des Hofes steht in Zusammenhang mit dem Einfall germanischer Horden im Jahr 263, der bis nach Italien führte: In einer Gebäudewand entdeckten Archäologen 1720 Jahre später rund 100 versteckte Silbermünzen. Der Besitzer hatte sie nicht mehr an sich nehmen können.

Tipp

Funde aus dem Gutshof, darunter der Silberschatz sind im Archäologischen Hegau-Museum Singen (Am Schlossgarten) ausgestellt. Sie ergänzen weitere attraktive Ausstellungen der Ur- und Frühgeschichte, darunter auch Funde aus den Eiszeithöhlen im Brudertal bei Engen oder das Keltenschwert aus Singen, einer der ersten Eisenfunde in Süddeutschland.

Geöffnet täglich außer montags, 14 bis 17 Uhr. Telefon 0 77 31/85-2 67
www.singen-kulturpur.de

GUTSHOF MESSKIRCH-HEUDORF
Großanlage mit Diana-Tempel

Lage
Die Gutshofanlage wird von der Bundesstraße 311 westlich von Meßkirch-Heudorf (Landkreis Sigmaringen) in der Hälfte durchschnitten.

Erreichbarkeit
Die B 311 von Meßkirch-Heudorf Richtung Hölzle/Worndorf durchquert ein Waldstück. Nördlich liegt eine 300 Meter lange Parkbucht auf einem parallel verlaufenden Weg. Von diesem zweigt bereits 100 Meter östlich der Abfahrt ein Forstweg in einer Lichtung nach Norden ab. Man folgt ihm 50 Meter weit und biegt dann auf einem Pfad in die rechte Waldhälfte ab. Nach weiteren 50 Metern gelangt man nach einem Linksschwenk zum kleinen Dianatempel. Die Umfassungsmauer ist als flacher Schuttwall erhalten, die Brunnen der beiden Badehäuser liegen als Schutthügel rund 100 Meter südlich der B 311. Die restlichen 15 Gebäudefundamente sind teilweise als Mulden im Waldboden konserviert.

„Der Göttin Diana geweiht von Marcus Aurelius Honoratus Pancratius. Er hat damit sein Gelübde erfüllt, froh und freudig nach Gebühr." Der Mann, der sich mit seinem Namen Ende des 2. Jahrhunderts auf einem Weihestein verewigt hat, war ein Hausherr des Gutshofes bei Heudorf. Dem Namen nach kein Einheimischer, sondern ein zugezogener Römer der Oberschicht. Das Gebiet unmittelbar an der Westgrenze der Großprovinz Rätien zum benachbarten Dekumatland (Teil der Provinz Obergermanien) konnte mit zivilen Kolonisten aufgesiedelt werden, nachdem die nahe Kastellbesatzung von Ennetach in den späten 70er-Jahren die Außengrenzsicherung von der Donaualb an den Nordtrauf vorverlegte.

Das 8 Hektar große, 0,80 Meter dick ummauerte Hofgut ist die größte Anlage der gesamten Alb. Bis zu den ersten Ausgrabungen im Jahr 1882 hieß das Areal „Altstadt", weil man in den 17 Gebäuderesten und der 1,2 Kilometer langen Umfassungsmauer eine untergegangene Stadt sah. Der Gutshof ist aber bereits nach 233 aufgegeben worden, weil durch die Alamanneneinfälle das Wirtschaftsgefüge zusammenbrach.

Etwa in der Mitte des Hofes liegt unter dem Waldboden das wuchtige Herrenhaus, eine rund 1600 Quadratmeter große Portikusvilla mit Warmluftheizanlage. Einzig der kleine Diana-Tempel, der 60 Meter von der nördlichen Umfassungsmauer entfernt stand, wurde bei einer Nachuntersuchung 1978 im Zug des Baus der B 311 freigelegt (mit Kopie des Weihesteins).

Die Gebäude sind oberflächlich erfasst worden, ihre Funktion ist nicht bekannt. Fragmente einer Wandmalerei, die wohl die Göttin Venus, umgeben von Seewesen darstellt,

sind im Landesmuseum Stuttgart (Altes Schloss) ausgestellt. Weitere Funde liegen in der privaten Fürstlich Fürstenbergischen Sammlung in Donaueschingen.

Tipp

Nicht dem Straßenbau, sondern dem Bohnerzabbau des 19. Jahrhunderts fiel der Gutshof von Sigmaringendorf-Lauchertthal zum Opfer. Die kalksteinernen Grundmauern des noch gut im Wald zu erkennenden Hauptgebäudes (23 x 23 Meter) haben sich erhalten. Vermutlich hatten bereits die Römer hier Erz ausgebeutet. Die Anlage liegt im Südhang des Waldes Schmelzenhau. Auf der L 455 von Hitzkofen nach Lauchertthal. Vor den Hüttenwerken rechts über zwei Lauchert-Brücken, links am Umspannwerk und der Tallichtung vorbei und den Waldweg rechts 300 Meter aufwärts, vorbei an riesigen Erzgruben, zur Infotafel links.

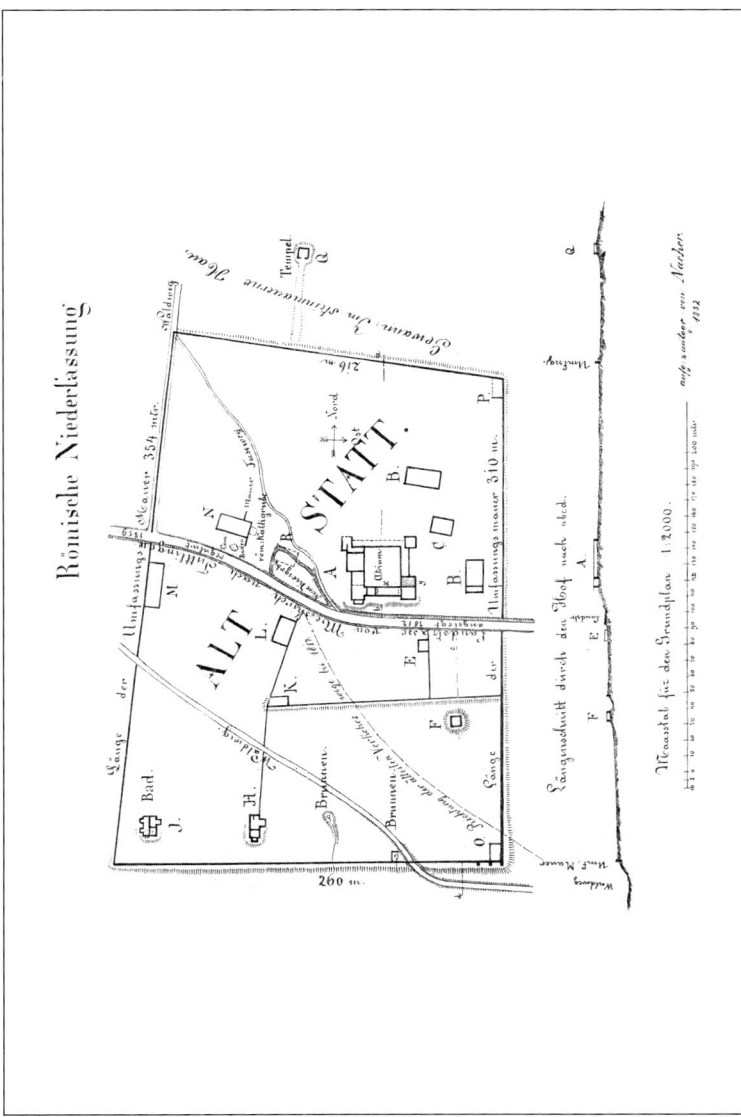

Römische Niederlassung

ALT STATT

Tempel

Gewann Im Steinmauer Neu.

260 m.

Bad. J.

H.

Brunnen.

Brunnen von gleicher Technik wie der Wasserleitung

M

L

K

F

E

O

Waldweg

Neu.

216 m.

Nord.

Ost.

Länge der Umfassungs Mauer 354 mtr.

Umfassungsmauer 310 m.

Länge der Umfassungsmauer

N

B

A

C

B

D

B

E

F

A

P

Q

Längenschnitt durch den Hof nach ostd.

Nürzburg

aufgenommen von Mettler 1892.

Massstab für den Grundplan 1:2000.

Alter Weg

KASTELL MENGEN-ENNETACH
Roms Nordgrenze an der Donau

Lage
Das Kastellgelände liegt direkt westlich des Mengener Stadtteils Ennetach (Landkreis Sigmaringen) auf einem Höhenrücken südlich der Donau.

Erreichbarkeit
Auf der Bundesstraße 32 von Sigmaringen Richtung Mengen. Nach dem Ortsende von Scheer rechts nach Ennetach in die Scheerer Straße abbiegen, über die Bahngleise zum ehemaligen Römermuseum (links). Von dort über den Rundwanderweg nach rechts in die Holzstraße und von dort weiter hoch auf den Berg. Infotafeln auf dem Höhenrücken.

Das Alpenvorland bis zur Donauseite der Schwäbischen Alb stand zu Lebzeiten Jesus' unter römischem Einfluss. Aber erst in der Regierungszeit des Kaisers Claudius ab dem Jahr 45 wurde die Donaulinie, beginnend in Hüfingen, mit einer dichten Abfolge von Militärlagern besetzt. Der lange Zeit gesuchte Standort des Nachbarkastells im Raum Tuttlingen wurde 1953 im Stadtgebiet (Zeughausstraße) in

zwei Metern Tiefe angeschnitten. Es dauerte bis 1997, ehe auch auf dem 50 Meter hohen Ennetacher Berg zweifelsfrei ein weiteres Kastell nachgewiesen werden konnte. Dessen Nachbarlager in Emerkingen war schon 1913 entdeckt worden.

Das Ennetacher Grenzkastell liegt verkehrsgeografisch günstig am Beginn der schiffbaren Donau und an der Mündung der Ablach nahe einer Furt. Das Lager ist vier Mal erweitert worden. Eine ursprünglich 1,4 Hektar große Fläche des östlichen, dreieckigen Bergsporns war durch einen über 150 Meter langen, doppelten Graben abgeriegelt. Die Spitzgräben maßen eine Tiefe von 2,5 und eine Breite von

8 Metern. In das Holz-Erde-Lager gelangte man durch ein 5 Meter breites Tor, das von zwei 3 x 3,5 Meter breiten Türmen flankiert wurde. Zuletzt war das Lager flächenmäßig verdoppelt und über den gesamten Berg verbreitert worden.

Stationiert war dort zunächst eine unter 500 Mann starke Grenzsicherungseinheit, sowohl mit Pfeil und Bogen bewaffnete Reiter- als auch Fußsoldaten. Anhand der Keramikformen lässt sich die Belegung des Lagers maximal für den Zeitraum zwischen den Jahren 30 und 75 eingrenzen.

Das nicht annähernd erforschte Kastelldorf (vicus) entstand erst in den 70er-Jahren und lag parallel zu der auffallend gerade verlaufenen Dorfstraße und der Ablach, dehnte sich aber auch unterhalb des Ennetacher Berges bis zur B 32 aus. Mit dem Rückzug der Römer hinter den Donau-Limes um 260 dürfte die Siedlung aufgegeben worden sein. Ein älterer Vicus könnte noch auf dem Hochplateau liegen.

Tipp

Vom Römermuseum führt ein ausgeschilderter Rundwanderweg zum Kastell und weiteren frühgeschichtlichen Fundstellen. Das mehrfach ausgezeichnete Museum war 2001 eröffnet worden, hatte drei Förderpreise und 500 000 Euro von der öffentlichen Hand bekommen und zeigte zahlreiche bedeutende Fundstücke der Ausgrabungen. Durch Gemeinderatsbeschluss wurde das modern konzipierte Museum 2016 aufgrund zu niedriger Besucherzahlen (3000 pro Jahr) trotz heftiger Kritik unmittelbar nach Ablauf der 15-jährigen Zweckbestimmungsfrist für die EU-Gelder geschlossen.

ALBLIMES KASTELL LAUTLINGEN
Spezialeinheit auf der Albhöhe

Lage

Das Kastellgelände liegt zwischen dem Freizeitbad Badkap bei Albstadt-Lautlingen und Ebingen-West (Zollernalbkreis).

Erreichbarkeit

Auf der Bundesstraße 463 von Balingen nach Lautlingen. Links Richtung Badkap auf die Kreisstraße 7152 abbiegen. Die teilt bis zu ihrer Abzweigung nach Margrethausen das Kastell in zwei Hälften. Rund 100 Meter nach der Abfahrt zur Badkap-Parkfläche zweigt links ein Feldweg ab, rechts läuft eine ausgewaschene Bachrinne. Sie verlaufen parallel zur westlichen Kastellseite, die nach rechts bis auf die Höhe der Baumreihe und nach links noch 20 Meter über die nach Margrethausen führende Straße reicht. An der Abzweigung nach Margrethausen markiert ein Gartenhaus rechts der Straße die nordöstlichste Ecke des Kastells (250/250 x 260/270 Meter). Die Bahnlinie bildet etwa die südöstlichste Lagerecke.

Roms zweiter großer Militärvorstoß zur Eroberung des südlichen Germaniens war die Vorverlegung des Donaulimes auf die Albhochfläche am Ende der 70er-Jahre. Die Römer zeigten zu dieser Zeit schon seit 80 Jahren linksseitig des Rheins dauerhafte Präsenz. Um 73/74 wurde

der bislang gemiedene Schwarzwald mit dem Bau einer Heerstraße zwischen den Legionslagern Straßburg (Argentoratum) und Augsburg (Augusta Vindelicum) durch das Kinzigtal unter Kontrolle gebracht. Dadurch konnten Truppenverbände auf direktem Weg zwischen Niedergermanien und der Donau bewegt werden und mussten nicht mehr den zeitraubenden Umweg entlang des Rheinknicks machen.

Die Fortführung der Kinzigtalstraße vom Knotenpunkt Sulz/Neckar zum Donauübergang bei Sigmaringen/Laiz musste von einer vermutlich 1000 Mann starken Spezialeinheit (Legionsvexillation), die in Lautlingen stationiert war, geleistet und überwacht werden. Die mit 6,7 Hektar außergewöhnlich große Lagerfläche direkt auf der Wasserscheide Rhein/Donau ist nur unzureichend untersucht; es gibt fast keine Funde, was viele Fragen offen lässt.

Ein Soldat „der Centurie des Candidus Elus" hat ein eingraviertes Bronzelot verloren. Etwa 20 Meter nördlich des Kastells liegt eine Gruppe von Steingebäuden unter dem Boden; vielleicht die Reste einer Straßenstation der hier vermuteten innerrömischen Provinzgrenze zwischen Rätien und Obergermanien. Das von nur einem Spitzgraben umgebene Kastell wurde auf jeden Fall nicht aus Stein, sondern aus Holz errichtet und bestand somit nur kurze Zeit. Dadurch und auch wegen seiner

Lage tief in der Alb, kann es eigentlich nicht der westlichste Punkt der Kastellreihe sein, die ab dem Jahr 85 den rund 135 Kilometer langen Alblimes – die Grenzlinie entlang des Alb-Nordtraufs – bis Heidenheim sicherte.

Tipp

Außergewöhnliche Einblicke in die Vor- und Frühgeschichte der Ebinger Alb gibt's im Museum im Kräuterkasten (Stadtmitte, Im Hof 19). Auf drei Etagen führt ein Rundgang auch durch die spannende Geologie. Das Museum ist eine Außenstelle des Staatlichen Museums für Naturkunde Stuttgart und Infostelle des Geoparks. Geöffnet: mittwochs, samstags, sonntags, feiertags von 14 bis 17 Uhr. Telefon 07431/160-1204. www.albstadt.de/museum

ALBLIMES KASTELL BURLADINGEN
Grenze des römischen Weltreichs

Lage

Das Kastellgelände liegt an der Bundesstraße 32 zwischen Hausen und Burladingen (Zollernalbkreis).

Erreichbarkeit

Auf der B 32 von Hechingen durchs Killertal Richtung Burladingen. Kurz vor Ortsbeginn rechts in die Parkbucht fahren (Infotafeln).

Alb und Afrika: Die Quellen von Lauter und Nil setzten einige Jahrzehnte lang die äußersten Grenzpunkte des römischen Weltreichs. Zwischen 73 und 83 nach Christus hatte Rom sein Territorium bis zum Nordtrauf der Schwäbischen Alb ausgedehnt. Der von der Landschaft vorgegebene Höhenzug markierte die Trennlinie zwischen dem noch freien Germanien (Germania Magna) im Neckarvorland und der Großprovinz Rätien (Raetia), die von Nordtirol bis ins Tessin reichte. Auf der Kammlinie, der Wasserscheide Rhein-Donau, wurde eine Heerstraße angelegt, die eine Kette von Grenzkastellen miteinander verband.

Am Beginn dieser Linie wird ein Militärlager im Talkessel von Ebingen vermutet, rund 1,3 Kilometer östlich vom Kastell Lautlingen entfernt. Das Bruchstück einer Kaiser Traian gewidmeten Inschrift (102–117) deutet darauf hin. Von dort lässt sich auch eine Wegeverbindung zur Passhöhe zwischen Killer- und Vehlatal westlich von Burladingen nachweisen und ihre Fortsetzung zum nächsten Kastell in Gomadingen. Die Alblimesstraße stellte keine befestigte Grenze dar, sondern eine rückgelagerte schnelle Aufmarschstraße für die Truppen.

Nördlich der nach Hausen die Albhochfläche erreichenden B 32 wurden 2006 die Umrisse eines 160 x 160 Meter großen Marschlagers entdeckt. Hier lagerte eine unbekannte Truppeneinheit, die das gegenüberliegende eigentliche Kastell (137 x 137 Meter) erbaute, dessen Nachweis bereits 1914 gelang. Zunächst entstand eine Holz-Erde-Kaserne mit vier Flankentürmen an den zwei Toren für 500 Infanteristen. Bereits im Jahr 90 wurden die meisten Holz- durch Steinbauten ersetzt. Zwanzig Jahre später wurden die Truppen an den Neckarlimes vorverlegt.

Rund 200 Meter westlich des Kastells wurde 1984 eine Grenzstation (Zoll, Polizei, Rasthaus, Pferdewechsel) entdeckt, südöstlich davon ein Gutshofkomplex (unerforscht). Auch ein 750 Meter langes Lagerdorf entlang der Ausfallstraße Richtung Ringingen wurde östlich des Kastells ergraben. Es blieb bis in frühalamannische Zeit bewohnt und wurde (in Ableitung der burgähnlichen Steinreste) unter dem Namen Burchingen gar zu einem zentralen Ort zur Zeit Karls des Großen.

Tipp

Vom Kastell führte eine Heerstraße durchs Killertal zur großen Gutsanlage bei Hechingen-Stein (vermutlich das antik genannte Solicinium). Die Ausgrabungen in dem dort eingerichteten Freilichtmuseum dauern noch an. Es ist einer der interessantesten Fundplätze Süddeutschlands. Geöffnet: April bis November, täglich außer montags, 10 bis 17 Uhr.
www.villa-rustica.de

ALBLIMES KASTELLE
GOMADINGEN UND DONNSTETTEN
Berittene Grenztruppe

Lage
Das Kastellgelände Gomadingen liegt an der Landesstraße 230 nordöstlich von Gomadingen (Kreis Reutlingen). Das Kastell Donnstetten liegt 500 Meter südlich des Ortes auf dem markanten Hasenhäuslesberg.

Erreichbarkeit
Von Engstingen auf der Landesstraße 230 Richtung Münsingen. Die Abfahrt nach Gomadingen/Marbach mündet in die von Gächingen kommende L 249. Nach 200 Meter biegt links ein Feldweg ab, er führt mitten in das Kastellgelände (Brücke über die L 230) und weiter nördlich zum Vicus auf der Schwärze (unterhalb des neu gebauten Pferdestalls). www.gomadingen.de

Vielleicht ist es purer Zufall, dass das weltberühmte Haupt- und Landgestüt bei Marbach beheimatet ist. Aber bereits 1400 Jahre vor der Ersterwähnung der Zuchtanlage wurden im oberen Lautertal Pferde ausgebildet. Das legt zumindest der Fund einer Lanzenspitze nahe, die im Graben des Kastells von Gomadingen gefunden wurde. „Eigentum des Iunius aus der Turma des Oc ..." ist darauf eingraviert. Eine Turma (lateinisch: Schwarm) war im antiken Rom die kleinste taktische Einheit einer Reiterei, bestehend aus 30 Soldaten. Damit erschöpfen sich auch schon die Fakten über die Besatzung des seit 1977 bekannten Militärlagers. Erst 2008 gelang es mittels einer geomagnetischen Untersuchung, das Holz-Erde-Kastell, gesichert durch Graben, Wall und Palisaden, zu vermessen. Es liegt, strategisch günstig, am Mittelpunkt dreier wasserführender Täler. Mit einer Breite von 160 und einer Länge von 190 Metern ist es viel größer als bisher vermutet. Es bot Platz für 700 Soldaten. Einen verlässlichen Zeithorizont haben Eichenbalken aus einer Brunnenfassung erbracht. Demnach wurden die Bäume zwischen den Jahren 75 und 85 gefällt. Der nicht erfolgte Ausbau in Stein deutet darauf hin, dass die Belegungszeit unter 40 Jahren lag. Die Landesstraße durchschneidet das Kastellgelände, wodurch das

Stabsgebäude zerstört wurde. Die restliche Fläche bietet aber noch viel Fundsubstanz für spätere Ausgrabungen. Bei der Erweiterung des Charlottenhofs (auch ein Gestüt!) im Norden des Kastells im Jahr 2016 wurden Grundmauern der Zivilsiedlung aufgedeckt. Der Vicus verläuft außerdem entlang der Alblimesstraße in Richtung Steingebronn, wo er sich in Form von 50 Meter langen Häusern ausgedehnt hatte. Nach dem Abzug des Militärs wurde die Siedlung in Stein ausgebaut und war bis in früh alamannische Zeit bewohnt. Der Gewannname „Schwärze" rührt vom rußgeschwärzten Boden einer Feuersbrunst her. (Bild unten)

Tipp

Das unerforschte, obertägig nicht sichtbare Nachbarlager in Römerstein-Donnstetten war ein kleines Numeruskastell (50 x 60 Meter) auf dem Hasenhäuslesberg, der nördlich steil in einen Maarkessel abfällt. Eine Truppeneinheit mit 80 bis 100 Mann war hier zwischen den Jahren 85 und 150 stationiert.

Die antik genannte Zivilsiedlung Clarenna liegt am östlichen Rand des Dorfes in der Flur „Hinter dem Flecken".

Kleine Fundschau im Heimatmuseum. Geöffnet: Jeden 1. und 3. Sonntag im Monat zwischen April und Oktober (13 bis 17 Uhr).

www.heimatverein-donnstetten.de

ALBLIMES KASTELLE
URSPRING UND OBERDORF
Brandkatastrophe in Ad Lunam

Lage

Das Kastellgelände von Lonsee-Urspring (Alb-Donau-Kreis) liegt nordöstlich des Ortes am Hang. Das Kastell von Bopfingen-Oberdorf ist überbaut worden.

Erreichbarkeit

Von der Bundesstraße 10 Geislingen – Ulm nach Urspring. Am Ortsbeginn vor der Bahnunterführung nach links in die Straße „An der Herberge" abbiegen und den Bahngleisen 300 Meter parallel folgen. Dann links über den ansteigenden und auf die Höhe abknickenden Wirtschaftsweg. Nach 800 Metern, unterhalb einer Pferdestallung, liegt das von einer Hecke umrahmte Kastellgelände (Infotafel).

Strategisch wichtig war auch dieser Platz, an dem sich Anfang der 80er-Jahre die von der Donau auf die Alb vorrückenden römischen Truppen für die nächsten acht Jahrzehnte festsetzten: Etwa 250 Meter östlich des Lone-Quelltopfs, an einem stark nach Süden abfallenden Hang. Von hier war ein wichtiger Verkehrsknotenpunkt einzusehen: Die Rhein-Donau-Straße (Mainz – Cannstatt – Filstal – Faimingen – Augsburg) kreuzte mit der Alblimesstraße, die von Donnstetten (Clarenna) kommend Richtung Heidenheim (Aquileia) und weiter Richtung Bopfingen-Oberdorf (Opia) führte. Außerdem mündete kurz vor Urspring bei Nellingen die vom Neckarkastell Köngen über Wiesensteig kommende Römerstraße in den Alblimes.

Noch heute sieht man die wallartigen Ummauerungsreste (135 x 132 Meter) des 1821 entdeckten steinernen Kastells, in der eine 500 Mann starke, wohl teilberittene Infanterieeinheit untergebracht war.

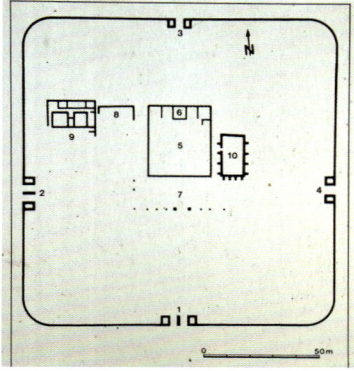

Vermutlich ist der Ort identisch mit dem antiken Ad Lunam.

Es ist anzunehmen, dass die Truppe in den 150er-Jahren an die neue Limeslinie im Remstal zum Kastell Unterböbingen vorverlegt worden ist. Das Lagerdorf (350 x 200 Meter) entstand südlich des Kastells im Talgrund der Lone. Wie auch in Gomadingen gibt es Spuren einer Brandkatastrophe. Ob es sich dabei um die Folgen eines Unglücks handelte, oder ob das Feuer mit den historisch überlieferten Einfällen der germanischen Markomannen (166 und 180) in Zusammenhang steht, bleibt mangels Ausgrabungen vorerst ein Rätsel.

Tipp

Das letzte der Alblimes-Kastellreihe liegt im Bopfinger Ortsteil Oberdorf (Ostalbkreis). Opia, so der antike Name, war ein 1,7 Hektar kleines Lager aus Holz-Erde-Bauten. Auch über den angegliederten Vicus ist so gut wie nichts bekannt. Die Anlagen sind größtenteils modern überbaut (Zentrum nördlich des Friedhofs der Christ-König-Kirche). Im Museum Seelhaus in Bopfingen (Spitalplatz) gibt die archäologische Ausstellung Einblicke. Geöffnet: März bis Oktober, täglich, außer montags, von 14 bis 16/17 Uhr.
Telefon 0 73 62/38 55
www.bopfingen.de/Seelhaus

ALBLIMES KASTELLE
AALEN UND HEIDENHEIM
Größte Garnison am Limes

Lage

Das Kastellgelände von Aalen (Ostalbkreis) ist Bestandteil des Limesmuseums und liegt am westlichen Stadtrand über einem Hang der Kocher. Das Kastell von Heidenheim liegt überbaut westlich des Bahnhofs.

Erreichbarkeit

Das Limesmuseum, eine Zweigstelle des Württembergischen Landesmuseums, ist von der Stadtgrenze aus gut ausgeschildert. Es steht an der Hauptstraße des Kastells. Dem im Jahr 2000 grundsanierten Museumsgebäude schließt sich ein ärchäologischer Park an mit den konservierten Ruinen.

Geöffnet täglich außer montags. Telefon 0 73 61/52 82 87-0. www.limesmuseum.de

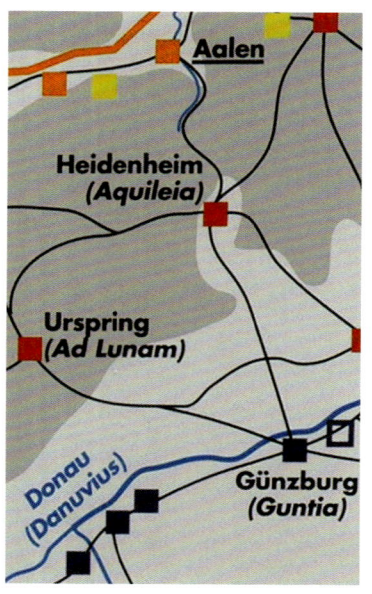

Das größte römische Reiterkastell nördlich der Alpen lag in Aalen. Und seinen Namen verdankt die Stadt wohl dieser berittenen Eliteeinheit: der Ala miliaria. Damit ist der seltene Fall verbürgt, dass das Wissen um die römische Vergangenheit nie völlig verloren ging. Das 277 x 214 Meter große Kastell war bedeutendster militärischer Stützpunkt des südlichen Obergermanisch-Rätischen Limes. Angelegt wurde das Lager um 150/155 von einer zuvor in Heidenheim stationierten Truppe.

Die Umwehrung mit den fünf Meter breiten Türmen und die Kasernen-Innenbebauung mit Wege- und Kanalnetz sind detailliert erforscht und werden im Museum ausführ-

lich dargestellt. Besonders interessant ist, dass sich teilweise die
Namen von Kommandeuren auf In-
schriften erhalten haben, wodurch
sich ihre Militärkarrieren rekonstruieren lassen, die sie durch die
gesamte römische Welt geführt haben. Ein um 160 in Aalen stationier-
ter Kommandeur war später Stra-
ßenkommissar nahe Rom, danach
Prokurator in Pannonien, schließlich kaiserlicher Gutsverwalter südlich von Tunis.

Münzfunde legen es nahe, dass
das Militärlager um 260 verlassen
wurde, die Zivilsiedlung aber noch
lange bestand. Die erste Aalener
Kirche ist aus Steinen des Kastells
errichtet worden.

Tipp

Das 6 Hektar große Kastell Heidenheim (antiker Name Aquileia) liegt
überbaut westlich des Bahnhofsgelän-
des und wird durch die Karlsstraße
begrenzt. Im heutigen Straßenbild ist
seine Ausdehnung gut nachvollziehbar.
Gebaut ums Jahr 90 in Steinbauweise
waren dort rund 1000 Reitersoldaten
am Alblimes stationiert. Rund 70 Jahre
später wurde die gesamte Ala II Flavia-
Einheit ins heutige Aalen verlegt und
errichtete dort ein ähnlich konzipier-
tes Kastell.

Die Antike an der Brenz spiegelt sich im
Museum im Römerbad wider (Theo-
dor-Heuss-Straße). Geöffnet: Mai bis
November, sonntags 13 bis 17 Uhr.
Telefon 0 73 21/327-47 10
www.museum-im-roemerbad.de

GUTSHÖFE EIGELTINGEN
Roms Ende ausgesessen

Lage

Zwei noch in nachrömischer Zeit bewohnte Gutshöfe liegen benachbart
zwischen Eigeltingen und der Teilgemeinde Homberg (Landkreis Konstanz)
im Süden der Hegaualb.

Erreichbarkeit

Von der Autobahn 81 an der Ausfahrt Engen auf der Bundesstraße 31 über
Aach nach Eigeltingen. In der Ortsmitte Richtung Stockach, nach 100 Metern
links in die Kreisstraße 6114 Richtung Homberg. Rund 500 Meter nach dem
Ortsende nach links durch den Sonnenhof der Beschilderung „Gutshof" etwa
ein Kilometer bis zur Abzweigung zum Parkplatz an der teilrekonstruierten
Ausgrabungsstätte folgen (ausführliche Infotafeln). Den zweiten Gutshof
(nur Infotafel) erreicht man dem Sträßchen weiter nach Homberg folgend,
nach circa 1,5 Kilometern, kurz vor Ortsbeginn. Ständig frei zugänglich.

Roms militärischer Rückzug wurde
ums Jahr 300 unter anderem mit
gemauerten Kastellen in Konstanz und in Stein am Rhein besiegelt. Von dort aus wurde das vormals römische Dekumatland mit
seiner verbliebenen zivilen Restbe-
völkerung aber weiterhin kontrolliert: durch Söldnerheere und ge-

kaufte Kleinkönige der Alamannen.
Der Überbegriff für diese verschiedenen Germanenstämme aus dem
Raum zwischen Ostsee und Thürin-
ger Wald, eben jene „alle Mannen",
fiel erstmals im Jahr 289. Voraus-
gegangen waren jahrzehntelange
Raubzüge der Krieger aus dem elb-
germanischen Raum ins Reichsgebiet.

Wer im 4. Jahrhundert auf dem Gebiet der Alb das Sagen hatte, bleibt
angesichts der politischen Wirren
unklar. Warlords oder römische
Bündnispartner (meist zweifelhaf-
ter Treue) scheinen sich in dieser
Pufferzone behauptet zu haben.
Im 5,4 Hektar großen römischen

Gutshof Dammbühl bei Homberg wurde 1930 ein Goldmedaillion neben einem Skelett gefunden. Die 20 Gramm schwere Münze, die ein Porträt des Kaisers Constantinus II. ziert, ist um 355 in Rom geprägt worden. Sie war kein Zahlungsmittel sondern eine Art Ehrenplakette für militärische Würdenträger.

Möglicherweise ist sie die Grabbeigabe eines hohen germanischen Offiziers in römischen Diensten, der die villa rustica lange nach dem Abzug der römischen Oberschicht bewohnte.

Im benachbarten Gutshof von Eigeltingen, dessen Grundmauern 2007 teilfreigelegt wurden, entdeckte man 34 Fundamentgruben von Holzpfosten. Wahrscheinlich stammen sie von einfachen Holzhäusern, die nach dem Wegzug der Römer von den ersten alamannischen Kolonisten errichtet wurden. Da sie keine Erfahrungen mit Steinbauten hatten und auch nicht in der Lage waren, Reparaturen vorzunehmen, nutzten sie die bestehende Infrastruktur bis zu deren Verfall.

Tipp

Am südwestlichen Ortsrand von Wurmlingen (Kreis Tuttlingen) liegt das freigelegte und als Museum überdachte Bad einer römischen Straßenstation. Die Gebäude wurden nach ihrer Aufgabe ums Jahr 260 noch 100 Jahre lang von den Alamannen landwirtschaftlich genutzt. Sie selbst lebten in einem Holzwohnhaus.

Das um Funde erweiterte Museum ist zwischen Mai und September sonntags von 14 bis 18 Uhr geöffnet oder nach Rückfrage: Gemeinde Wurmlingen, Telefon 0 74 61/92 76-0.

www.wurmlingen.de

ACHALM REUTLINGEN
Spätantiker Vorposten

Lage

Der markante kegelförmige Zeugenberg Achalm liegt zwischen Reutlingen und Eningen (Landkreis Reutlingen).

Erreichbarkeit

Von Reutlingen auf der Bundesstraße 313 Richtung Metzingen. Am Stadtende führt innerhalb der Lärmschutzwand rechts eine Straße durch ein Wohngebiet zu den Ausflugsparkplätzen unterhalb der Achalm. Auf den Gipfel des 707 Meter hohen Berges führt ein Fußweg über 170 Höhenmeter. Der Rappenplatz ist eine Terrasse am Südhang des Berges, 40 Meter unterhalb des letzten Aufstiegs zur mittelalterlichen Burgruine.

Roms Kaiser Valentinian I. ließ um 370 den bereits gesicherten Donau-Iller-Rhein-Limes verstärken. Er kombinierte diese Maßnahmen mit einer neuen Strategie, bei der römische Truppen aggressiv vorstießen, um Barbarengruppen bereits in deren Aufmarschgebieten zu schlagen, bevor sie plündernd ins Reichsgebiet vordringen konnten. Der letzte römische Feldzug tief nach Germanien führte im Sommer 368 bis in die Gegend des Hohenzollern (Schlacht bei Solicinium).

Weil die Grenzsicherung aufgrund innerer Konflikte mit regulären Soldaten logistisch nicht mehr zu leisten war, ersann der Kaiser eine tief in den Raum gestaffelte Verteidigungslinie.

Auf exponierten Höhen westlich des Schwarzwaldes und am Albrand wurden wichtige Einfalls- und Passrouten nach Süden mit „foederati" besetzt – nichtrömische Kriegerbünde, die unter eigenen Anführern für die Römer kämpften und als Gegenleistung Versorgungsgüter, Geld und – als die staatlichen Mittel knapper wurden – römisches Territorium zur Selbstversorgung zugewiesen bekamen.

Allerdings nahmen es die Alamannen mit der Bündnistreue nicht immer so genau. So brachen die Schutztruppen oft selbst zu Raubzügen in das noch römisch kontrollierte Voralpengebiet auf, um dann wieder an einen ihrer Rückzugsorte zurückzukehren. Die Achalm dürfte einer dieser vorgelagerten, (bereits frühkeltisch besetzten) Höhenposten gewesen sein. Als Indiz dafür gilt der Fund des Teilstücks eines spätrömischen Gürtelbeschlags aus Bronze oberhalb des Rappenplatzes. Der „clingulum" diente dem Soldaten gewissermaßen als Uniform, denn er machte seinen Träger als Militärangehörigen erkennbar. Die breiten Gürtelgarnituren der Spätantike hatten großflächige Schnallen. Spätestens Mitte des 5. Jahrhunderts, als das Weltreich zusammenbrach, wurde die Achalm als Stützpunkt aufgegeben.

Tipp

Viele mächtige Familien des Mittelalters hatten auf die Burg Achalm Besitzansprüche: Welfen, Staufen, Hohenberger – seit 1330 Württemberg. Um 1500 war die Anlage baufällig, im Dreißigjährigen Krieg kam das endgültige Aus. 1967 wurde der Bergfried als Aussichtsturm instandgesetzt. Die Errichtung der Höhenburg kann durch typische Drehscheibenkeramik auf die Jahre 1027/1030 gelegt werden. Damit ist die Achalm die ältere der vier Hochadelsburgen auf der Alb (Hohenzollern, 1061; Hohenstaufen, 1070 und Zähringer-Limburg, 1078).

RUNDER BERG URACH
Der Warlord vom Ermstal

Lage

Der Runde Berg liegt an einem Seitenarm des Ermstals, südlich von Bad Urach, benachbart zur Burganlage Hohenurach (Kreis Reutlingen).

Erreichbarkeit

Vom großen Wanderparkplatz beim Uracher Wasserfall/Gütersteiner Wasserfälle führen Wanderwege auf den rund 250 Meter hohen Ausläufer der Albhochfläche. Der bequemste Zugang ist von der Höhe: Vom Parkplatz Eppenzillfelsen (an der Landesstraße zwischen Bad Urach und St. Johann-Bleichstetten) gelangt man zum Aussichtspunkt Rutschenfelsen und von dort die Fohlensteige ein kurzes Stück talabwärts. In einer scharfen Linkskurve führt ein schmaler Sattel hoch zum Runden Berg (Infotafeln).

Im Jahr 455 plünderten germanische Stämme aus dem Odergebiet die römische Hauptstadt. Die einstige Weltmacht hatte den Vandalen nichts mehr entgegenzusetzen. Im Gebiet der Schwäbischen Alb hatte ein alamannischer Warlord mit seiner Gefolgschaft das Machtvakuum genutzt und auf dem Runden Berg das Zentrum eines Kleinkönigtums

mit vielen Abhängigen geschaffen. Auf dem 300 x 50 Meter großen Plateau und auf Terrassen ließ er an der Nordseite einen Herrschaftssitz errichten und ihn mit einer Doppelpfostenanlage umwehren. Hoch spezialisierte Töpfer wie auch Feinschmiede-Handwerker wurden angesiedelt, rund 200 Personen könnten hier gelebt haben. Der Runde Berg entwickelte sich zum bedeutendsten Zentralort, vielleicht sogar zum Handelsumschlagsplatz Inneralamanniens. Auf der Hochfläche des Rutschenhofes sind die dazugehörigen Versorgungshöfe zu vermuten. Archäologen fanden Reste von überaus wertvollen Waffen und Scherben von allein 150 importierten Gläsern.

Der Reichtum am Sitz des Kleinkönigs gründete sich vermutlich aus einer Mischung aus tief in die Nachbarländer führenden Raubzügen, dem Sklavenhandel und der Kontrolle mit am Albrand abgebauten Eisenerzen. Flapsig formuliert war der Runde Berg ein Piratennest, denn die Wirtschaftsform dürfte weitgehend eine parasitäre gewesen sein.

Mit Beginn des 6. Jahrhunderts drehte sich das Kriegsglück des Alamannen-Königs. Wieder entdeckte Verstecke mit Edelmetall-Horten am Berghang und Spuren von Brandeinwirkung sprecher für ein abruptes Ende der Höhensiedlung: Fränkische Invasionstruppen stießen über den Rhein nach Alamannien vor und bereiteten auch dem Räubernest ein Ende und zerstörten es. Erst 150 Jahre später wurde der Runde Berg wieder zum Platz einer Burganlage.

Tipp

Auf der Hochfläche im Hinterland des Runden Bergs liegt, neben einer Schutzhütte, versteckt am Grund einer Doline die nie versiegende Quelle des Rutschenbrunnens. Von 1681 bis 1828 stand hier ein Hof der Holzfäller, die die Baumstämme über eine Rutsche hinab ins Tal gleiten ließen (bis 1797), wo sie mit Flößen über Erms und Neckar weitertransportiert wurden. Der Brunnen diente bereits in der alamannischen Blütezeit des Runden Berges zur Versorgung der hier vermuteten Höfe.

SÄNGERGRAB SEITINGEN-OBERFLACHT
Eine Leier mit ins Grab

Lage

Der Gedenkstein des Reihengräberfriedhofes liegt im Norden der Gemeinde
Seitingen-Oberflacht an der Landesstraße 432, Landkreis Tuttlingen.

Erreichbarkeit

Am nördlichen Ortsende von Oberflacht, Richtung Durchhausen, hat der
Sängergau Schwarzwald eine Gedenkstätte mitten im Gräberfeld errichtet.
www.seitingen-oberflacht.de

Neue Herren, neue Sitten. Unter
der Besatzung der Franken, nach
ihrem Königsgeschlecht auch
Merowingerzeit genannt, kommt
es auch in Alamannien zur Anlage
von Reihengräberfriedhöfen. Die
charakteristische Anordnung mit
mehreren Gräbern prägt das archäologische Bild. Die Toten werden mit Beigaben beigesetzt, ihnen
werden Gefäße für Speisen und Ge-
tränke mit auf die Reise ins Jenseits gegeben. Dazu Waffen oder
Schmuck. Eine ganz besondere

Beigabe tat sich im über 300 Gräber
umfassenden Friedhof von Oberflacht auf. Dank eines günstigen
Grundwasserspiegels hatten sich
Holz- und Textilreste, also organi-
sche Teile, hervorragend erhalten.
Die Ausgräber bargen Mobilar aus
Holz und Leder, Gewebe und sogar
Nahrungsreste. Die Toten lagen in
plastisch verzierten Baumsärgen,
manchmal zudem in hölzernen
Grabkammern. Eine Sensation war
die Entdeckung einer in großen Tei-
len erhaltenen Leier. Es ist eine von
ganz wenigen Funden nördlich der
Alpen; auch im benachbarten Tros-
singen war ein Leiergrab entdeckt
worden.

Die als Sängergrab betitelte Ruhe-
stätte in Oberflacht bestand aus
einem Sarg, dessen Deckel mit
einer doppelköpfigen Schlange verziert war. Der Tote, offenbar ein adliger Jüngling, hielt in der rechten

Hand das Musikinstrument und sein großes, zweischneidiges Schwert, die sogenannte Spartha. Links lag eine weitere Waffe, eine einschneidige „Sax" nebst einem Messer. Im Sarg barg man zudem 172 Haselnüsse, außerhalb des Totenbaums war eine Lanze deponiert. Zu Füßen des Toten stand eine Truhe mit drei Fächern. Hierin lagen eine Pferdetrense, ein hölzerner Sattel, ein Holzleuchter mit zwei Feuersteinen und weitere Drechselarbeiten.

Bis ins 7. Jahrhundert reichte die Belegungsdauer des Gräberfeldes und gibt damit den einzigartigen Blick in das Leben und Sterben einer kleiner Siedlung mit rund 120 Personen frei. Der Friedhof gilt als einer der bedeutendsten dieser Zeit in ganz Europa.

Tipp

Ein Großteil der Funde zwischen 1886 und 1900 ist wegen unsachgemäßer Lagerung oder durch Kriegseinwirkung verloren gegangen. Die Geschichte der Alamannen und Nachbauten der Funde aus dem Gräberfeld sind im kleinen Museum der Gemeinde ausgestellt. Das ehrenamtlich betriebene Museum hat nach Rücksprache mit dem Bürgermeisteramt geöffnet. Telefon 07464/9868-0. Auch im Tuttlinger Heimatmuseum Fruchtkasten gibt es eine Rekonstruktion; im Württembergischen Landesmuseum sind die Beigaben in der Schausammlung ausgestellt.
www.seitingen-oberflacht.de
www.tuttlingen.de
www.landesmusem-stuttgart.de

KAPFFELSEN UND ZIEGELKOPF
Vorchristliche Sonnenverehrung

Lage

Beide Bergsporne ragen über das Schmeietal (Landkreis Zollernalb). Die nach West ausgerichtet Bergecke des Kapffelsens liegt 1100 Meter südöstlich der Straßberger Pfarrkirche. Die nach Nordosten ausgerichtet Bergzunge Ziegelkopf liegt 600 Meter nördlich der Kaiseringer Kirche.

Erreichbarkeit

Kapffelsen: Ausgangspunkt ist die Station 1 (Sonne) des Planetenweges am Ortsrand von Winterlingen an der Brücke über die Bundesstraße 463. Der Kapf liegt 700 Meter Luftlinie westlich der „Sonne" am bewaldeten Talrand. Man muss aber zunächst rund 200 Meter südlich zu einem Feldweg gehen, der dann in das Wäldchen führt. In einer scharfen Linkskurve abwärts schneidet der Waldweg den Wall des Sporns. Ziegelkopf: An der Kirche von Kaiseringen in die zur Höhe führende Waldhornstraße abbiegen. In der zweiten Kehre oberhalb der Kirche führt ein Waldweg am Hang nach 500 Metern um den Ziegelkopf herum auf die Hochfläche.

„Man findet bei ihnen keine Priester wie die Druiden und auch keinen besonderen Hang zum Opferdienst. Als Götter verehren sie nur Sonne, Feuer und Mond, die sie sehen und deren offenbaren Einfluss sie wahrnehmen." Julius Cäsar hat um 50 vor Christus einen religiösen Kult der rechtsrheinischen Bevölkerung beschrieben. Diese Tradition wurde von der ansässigen Bevölkerung bis zur Christianisierung und oft darüberhinaus fortgeführt. Der Ablauf dieser Zeremonien lässt sich zwar archäologisch heute nicht mehr erfassen, aber die Plätze, an denen die Naturgewalten verehrt wurden. In den Randlagen des Südschwarzwaldes und der Alb kommt gehäuft der Flurnamen „Kapf" vor. Im Südwesten gibt es über 160 Kapf-Orte, oft auch sinnverstellend zu „Kopf" verschrieben. Kapf stammt vom althochdeutschen „gaffen". Folgerichtig sind damit Anhöhen und Berghöhen bezeichnet, also Plätze zum Ausschau halten.

Die keltisch-germanische Bevölkerung legte natürlich keine landschaftlichen Aussichtspunkte an. Auf vielen Kapfen finden sich niedere Erdwälle, die kleinere Plateaus abtrennen. Da sie aber oft an Plätzen liegen, die weder eine Überwachung der Umgebung ermöglichen, noch eine Schutzfunktion hatten erfüllen können, bleibt ein anderer Hintergrund: Wall und Graben dienten als Abgrenzung eines heiligen Bezirks gegenüber der profanen Umwelt.

Es lässt sich auf Karten zweifelsfrei nachprüfen: Die Kapfe stehen untereinander in Beziehung. So gibt es mehrere Zentralkapfe (zum Beispiel auf dem Gönninger Stöffelberg, dem Hohenzollern oder dem Wartenberg/Baaralb), um die sich in regelmäßigen 30°-Schritten (Mondphasen?) im Umfeld weitere Kapfe befinden.

Bei Straßberg liegen sich mit dem Kapffelsen und dem Ziegelkopf zwei dieser Plätze unmittelbar gegenüber. Beide weisen keine allzu wehrhaften Wallreste auf; seltsamerweise gibt es, wie bei nahezu allen anderen Kapfen, keine Funde und damit auch keine wirklich gesicherten Hinweise auf Alter und Funktion.

Tipp

Auf dem 110 Meter hohen Felsrücken des Ziegelkopfs queren zwei Wallgräben im Abstand von rund 30 Metern den Sporn. Die Größe der abgeschirmten Spornfläche liegt bei 0,5 Hektar. Der Kapffelsen liegt 150 Meter oberhalb des Schmeietals. Auf dem Westhang führt ein 25 Meter langer Wallgraben zum Bergscheitel hinauf, er endet unvermittelt. Gut 30 Meter nördlich folgt ein kurzes Grabenstück zur Spornspitze hin. Auch dieses lässt Lücken zu beiden Seiten.

FRIEDHOFSKIRCHE ST. PETER UND PAUL NUSPLINGEN
Die Grablege des Ortsherren

Lage
Die Friedhofskirche St. Peter und Paul liegt am östlichen Ortsrand von Nusplingen (Zollernalbkreis).

Erreichbarkeit
Von Balingen oder Meßstetten über die Landesstraße 440 durchs Bäratal nach Nusplingen. In der Ortsmitte Richtung Hartheim/Schwenningen. Am Beginn der Steige liegt die Kirche mit Parkplatz.

Um 600 nach Christus zeigen sich bei den Alamannen erste Spuren der Christianisierung: Objekte des täglichen Lebens sind mit Fisch-Symbolen oder Kreuzen versehen. In den folgenden Jahrzehnten schlägt sich der Wandel im Glauben durch den Bau eines neuen Gebäudetyps nieder: der Holzkirche. Die alamannischen Eliten errichten in ihren Höfen sogenannte Eigenkirchen. Sie sind zunächst

Privateigentum der Adelsfamilien und dienen ihnen und ihren besoldeten Geistlichen auch als Grablege. Allmählich ersetzt man sie durch Steinbauten, vergrößert sie und öffnet sich auch für die Dorfgemeinschaft; schließlich werden die Kirchen zum Mittelpunkt des mittelalterlichen Lebens.

In Nusplingen sind bei Renovierungsarbeiten im Innenraum der Friedhofskirche St. Peter und Paul Erdgräber aufgedeckt worden, die aus der Mitte des 7. Jahrhunderts stammen und angelegt wurden, als der Sakralbau bereits bestand. Die Urkirche der Umgebung konnte durch zahlreiche Pfostengruben nachgewiesen werden. Ein Steinbau folgte im frühen 8. Jahrhundert. Ungefähr in dieser Zeit kam es zu einer Bestattung in Steinkistengräbern – vermutlich die Grablege der Kirchenstifter. Man darf in ihnen eine durch die Franken beeinflusste Familie vermuten. Sie könnten ihren Wohnsitz neben der Kirche gehabt haben. Das künstlich eingeebnete Areal um das Gotteshaus bot Platz für wenige Gebäude; einer örtlichen Legende nach soll hier einst eine Burg gestanden haben. Die damalige Siedlung lag am Fuß der Kirche. Der Reihengräberfriedhof wurde beim Bau der (1978 abgerissenen) St.-Katharina-Kirche angeschnitten. Peter und Paul war bis ins 16. Jahrhundert Mutterkirche der Umgebung.

Tipp

Die Friedhofskirche ist von Mai bis Oktober an allen Sonn- und Feiertagen von 14 bis 17 Uhr geöffnet. Führungen sind jederzeit möglich und werden von der Gemeindeverwaltung Nusplingen vermittelt. Telefon 0 74 29/93 109 20.

MICHAELSKAPELLE GAMMERTINGEN
Die Wiege der Grafen

Lage
Die Michaelskapelle liegt am südlichen Lauchertufer im Westen der Stadt Gammertingen (Landkreis Sigmaringen).

Erreichbarkeit
Vom Rathaus/Schloss dem historischen Stadtrundgang folgend in wenigen Gehminuten die parallel zur Lauchert verlaufende Schwedengasse flussaufwärts zur Michaelskapelle.

Über einer bis zu zwei Meter hohen Aufschüttung steht heute die Michaelskapelle nahe am Lauchertufer. Mitte des 7. Jahrhunderts hat sich etwas südwestlich im hochwassergeschützten Bereich eine hochgestellte Familie niedergelassen. Diese Adelsgruppe gehörte zu einer von zwei wohlhabenden Sippen, die zuvor auf der gegenüberliegenden Lauchertseite im alten Dorfkern von Gammertingen (rund um die Gemeindekirche St. Leodegar) ansässig waren und sich offen-

bar abgesetzt hatte. Denn im dortigen Gräberfeld (Ecke Sigmaringer Straße/Friedhofstraße) bricht eine der beiden reichen Bestattungsfolgen ab. So die jüngsten Forschungsthesen durch den Nehrener Ausgräber Sören Frommer. Mit der Neuansiedlung könnte auch die Anlage eines weiteren Bestattungsplatzes, einer sogenannten Hofgrablege und die Errichtung einer Eigenkirche der Adelsgemeinschaft verbunden gewesen sein. Gesichert ist, dass im Bereich des künstlich ausgebauten Lauchertknicks intensive Eisenverhüttung betrieben wird, bald abgelöst durch eisenverarbeitendes Handwerk. Ein regelrechtes Wirtschafts- und Machtzentrum entsteht. Isotopenanalysen der Tierknochen lassen einen hochadligen Haushalt nachweisen: Die Abgabeleistungen kamen von weit entfernten Untergebenen aus dem Hegau und dem Raum Urach.

Im Bereich der späteren Michaels-kirche werden zwei flache Hügel aufgeschüttet, auf denen um 920 eine befestigte Niederungsburg gebaut wird. Das Datum fällt mit der Entstehung des Herzogtums Schwaben zusammen, als sich die mächtigsten Alamannen wieder zu alter Größe zusammenschlossen. Darunter die Vorfahren der Grafen von Gammertingen, eines der füh-renden Adelsgeschlechter im Her-zogtum Schwaben.

Als Nachfolgerin einer ersten klei-nen Fachwerkkapelle wird um 980 auf dem Westhügel eine 14 x 7,4 Meter große massive Steinkir-che errichtet. Um 1025 wird eine mehrschiffige Basilika gebaut und der Herrschaftssitz auf die Höhen-burg Baldenstein (Fehla-Tal) ver-legt.

Tipp

Ausgehend vom Rathaus im Stadt-schloss gibt es zwei neu angelegte historische Stadtrundgänge (1 und 3 Kilometer) mit 38 Stationen an histori-schen Gebäuden und Plätzen. Die span-nende Stadtgeschichte ist für Laien und auswärtige Besucher ohne Kenntnisse optimal auf Tafeln aufbereitet.

Tourismusbüro, Telefon 0 75 74/40 61 36
www.gammertingen.de

Mittelalter

KIRCHBERG UNDINGEN
Carolus magnus imperator

Lage
Undingen und Genkingen sind Teilorte von Sonnenbühl (Landkreis Reutlingen).

Erreichbarkeit
Von der Undinger Ortsmitte (Poststraße) zum Friedhof über den Weg Am Kirchberg. Von dort führt ein Wiesenweg aufwärts zur Bergkuppe. Bei klarem Wetter mit Alpenfernsicht.

Karl der Große aus dem Geschlecht der Karolinger zählt zu den bedeutendsten Männern der Weltgeschichte. Er war von 768 bis zu seinem Tod am 28. Januar 814 Herrscher des Frankenreichs. Sein Reich erstreckte sich über fast ganz Westeuropa. Er war ein Mann großer Taten, erfolgreicher Feldherr, er führte eine einheitliche Währung ein und startete die erste Bildungsoffensive. Durch die Heirat mit der alemannischen Herzogstochter Hildegard wertete er den Adel im Südwesten auf; seine dritte Gattin wurde zur Stammmutter aller späteren karolingischen Könige.

Karls Beiname „der Große" ist nicht, wie lange vermutet, erst durch die Glorifizierung nach seinem Tod aufgekommen, sondern wurde bereits von seinen Zeitgenossen verwendet. Der einzige schriftliche Beleg findet sich in einer Urkunde vom 29. Mai 806, in der ein vermögender Adliger seinen Besitz auf der Alb in Undingen und Genkingen an das Kloster Sankt Gallen schenkt: „im fünften Jahr der Regierung unseres Herrn, Kaiser Karls des Großen" (Carolus Magnus Imperator). Dem Stifter Hariold verdanken beide Albdörfer ihre Ersterwähnung. Über den Umfang der Schenkung schweigt sich die Urkunde aus, sie wurde aber in Undingen ausgestellt. Der Adlige hat sie zusammen mit 13 hochkarätigen Zeugen unterschrieben und das Rechtsgeschäft im

Beisein der Dorfgemeinschaft getätigt. Da eine große Räumlichkeit damals vermutlich nicht vorhanden war, wird der Akt unter freiem Himmel stattgefunden haben. Hierfür bot sich der markante Kirchberg zwischen den beiden Dörfern an – den Indizien nach eine alte Versammlungsstätte. Die mit stattlichen Linden bewachsene Kuppe ist das Wahrzeichen von Undingen. Im Halbkreis hat sich das alte Dorf um den 819 Höhenmeter messenden Hügel gruppiert. Im Ort hält sich die Erinnerung, dass auf dem Hügel eine frühe Kirche gestanden haben soll, die an der Stätte eines vorchristlichen Kultplatzes errichtet worden war.

Tipp

Sicher ist, dass die heutige Undinger Kirche „Unserer Lieben Frau und Sankt Nikolaus", die am Fuße des Kirchberges steht, um 1487 einen Um- oder Neubau erhielt. Der Chorraum (Turm) war vermutlich über dem Hochaltar eines viel älteren Gebäudes errichtet worden. Die Nikolausverehrung kam im 12. Jahrhundert auf. Von den vormals rund 450 Jahre alten 12 Linden, die den Gipfel krönten, sind einige vom Sturm geknickt worden. Lange Zeit waren es 11 Linden. Die Überlieferung sagt, die ursprüngliche Zahl der Bäume entsprach der 12 Jünger Jesu; der abgestorbene Baum stehe für den falschen Judas. www.gemeinde-undingen.elk-wue.de

DIEPOLDSBURG UNTERLENNINGEN
Der erste Herzog

Lage

Die Ruine Diepoldsburg liegt auf einem Bergrücken zwischen Unterlenningen und Ochsenwang, südlich des Burgbergs Teck (Landkreis Esslingen).

Erreichbarkeit

Von Bissingen/Teck nach Ochsenwang. Auf der Höhe der Steige zweigt eine Straße rechts zum Hof/Ferienheim Diepoldsburg (2 Kilometer) ab, es folgt ein Wanderparkplatz. Von dort in nördlicher Richtung (Burg Teck). Nach einem kleinen Privatfriedhof führt der Weg über einen schmalen Bergsporn. Auf der gesamten Länge von 300 Metern sind drei Burganlagen ineinander verbaut.

Die Geschichte des Deutschen Reiches beginnt auf einem Bergsporn bei Unterlenningen. Im Herbst 911 war mit Ludwig IV. der letzte karolingische Herrscher des Ostfränkischen Reiches gestorben – jener aus den westgermanischen Franken erwachsenen Dynastie, deren berühmtester Vertreter Karl der Große war. Gut 400 Jahre zuvor hatten sie den Alamannen im Südwesten und anderen Stämmen im heutigen Deutschland ihre Selbstständigkeit genommen. Nun war die Zeit reif, die alten Herzogtümer wieder zu errichten. Die „Großen" aus Bayern, Franken, Sachsen und Schwaben wählten Konrad aus ihren Reihen zum neuen ersten „deutschen" König. Dessen Ratgeber, der Konstanzer Bischof Salomo III., zuletzt Kanzler unter den

Karolingern, widersetzte sich den Bestrebungen, in Alamannien ein mächtiges Herzogtum Schwaben zu errichten. Damit stellte er sich gegen Pfalzgraf Erchanger, dem Verwalter des Königsgutes im Südwesten, der erster alamannischer Herzog werden wollte. Zusammen mit seinem Bruder Bertold lieferte er einen schlagkräftigen Beweis für seine Stärke, indem er am Inn eine Invasion der Ungarn zurückdrängte. Außerdem spannte er ein politisches Netzwerk: Erchanger verheiratete seine verwitwete Schwester (zugleich Mutter des bayrischen Herzogs Arnulf) mit dem König.

Im Jahr 914 spitzte sich der Konflikt zu. Bischof Salomo wurde von Erchanger gefangen genommen und auf dessen „Thietpoldispurch" einige Tage festgesetzt. Daraufhin ließ der König seinerseits Erchanger im „castellum odfridinga" einkerkern. Beide Orte sind lokalisiert als die Burg Oferdingen (Kreis Reutlingen) und die Diepoldsburg bei Lenningen. Erchanger wurde des Landes verwiesen, kam aber 915 zurück und schlug seinen Schwager in der Schlacht bei Wahlwies (Stockach), worauf er von seinen Anhängern zum Herzog von Schwaben ausgerufen wurde.

Tipp

Die Thietpoldisburg wurde nach einem Vorfahren Erchangers benannt. Damit ist sie eine Gründung des späten 9. Jahrhunderts und wohl die Älteste am Albrand. Sie lag auf dem höchsten Teil des Felskammes – ein 130 Meter langes, 20 bis 30 Meter breites Geländestück. Der Zugang war vor dem westlichen Felsgraben. Ihr Ende kam 1077/1078, als König Heinrich IV. gegen aufständische schwäbische Grafen zog. Etwa 120 Jahre später bauten Edelfreie in Erinnerung an die großartige Vorgängeranlage die obere Diepoldsburg (um 1400 aufgegeben). Sie liegt ebenfalls auf der Höhe, begrenzt von zwei Quergräben. Dem 40 x 25 Meter großen Kernbereich schließen sich östlich und westlich Vorburgen mit Gräben an.

Die untere Diepoldsburg (auch „Rauber", von Rauhberg, siehe Foto) liegt an der Spornspitze auf einem großen Felsklotz. Erbaut wurde sie nach 1250 von den neuen Besitzern der Diepoldsburg, den herzoglichen Nachbarn der Burg Teck, als vorgelagerte Sicherung.

JOHANNESKIRCHE HOHENALTHEIM
Das Urteil der Bischöfe

Lage
Hohenaltheim liegt am nördlichen Rand der Riesalb (Landkreis Donau-Ries).

Erreichbarkeit
Von der Autobahn 7 an der Anschlussstelle Heidenheim Richtung Nattheim.
Über die Bundesstraße 466 über Neresheim Richtung Nördlingen. In Ederheim
nach rechts über die Kreisstraße Don 9 nach Hohenaltheim in die Ortsmitte
zur evangelischen Johanneskirche.

In blutigen Auseinandersetzungen um die Vorherrschaft in Südwestdeutschland hatte sich Erchanger, Graf der Pfalz Bodman am Bodensee, erfolgreich gegen den König aufgelehnt. Der einflussreichste Adlige Alamanniens, der auf der Teck-Alb eine stattliche Burg besaß, wurde von seinen Anhängern zum „dux" (Herzog) von Schwaben ernannt. Das alamannische Stammesgebiet sollte wieder zu alter Größe geführt werden, in einem Gebiet das von den Vogesen bis an den Lech und den Inn reichte und die ganze Ostschweiz umfasste.

König Konrad I. berief daraufhin eine Reichssynode nach Hohenaltheim auf die Riesalb ein. Ende September 916 bezogen die ostfränkischen Bischöfe Quartier im geräumigen Königshof (heutiger Straußenhof). Unter dem Vorsitz des päpstlichen Legaten Bischof

Petrus von Orta wurde die schwierige Lage des Reiches erörtert. Die Zustände waren durch die Widerspenstigkeit mehrerer Adligen gegen den schwachen König unhaltbar geworden. Drei Tage fastete man und hielt liturgische Gottesdienste in der Johannes dem Täufer geweihten Kirche. In 38 Artikeln wurden die Beschlüsse niedergelegt. Es ging um die Anhebung der Kirchenzucht und die Sicherung des Kirchengutes. Schließlich wurden Herzog Erchanger und seine Gefährten, „da sie gesündigt haben und gegen den Gesalbten des Herrn – den König – die Hand zu erheben versuchten", dazu verurteilt, „das Weltliche hinter sich zu lassen, ihre Waffen niederlegen und in das Kloster gehen, wo sie beständig bis zum Ende ihrer Tage Buße tun sollen". Die Verurteilten versuchten sich mit dem König auszusöh-

nen, doch dieser ließ seine Wider-
sacher gefangen nehmen und am
21. Januar 917 am Fuße der Westalb auf der Gerichtsstätte Aldingen
bei Spaichingen mit dem Schwert
hinrichten. Der Ort ihrer Grablege
ist dem Vergessen anheimgefallen.

Tipp

Von der karolingerzeitlichen Kirchen-
burg in Hohenaltheim ist nach Umbauten selbst nur noch wenig erhalten
(tausendjähriger Taufstein). Vor dem
Osttor der Kirche lag eine Thingstätte
(Gerichtsstätte). Ein Kreis aus zwölf
stark verwitterten Steinen – die Reste
eines ehemaligen Ratssitzes auf diesem
aufgeschütteten Hügel – wurden von

einer uralten Linde beschattet (jetzt
nachgepflanzt).
www.hohenaltheim.de
www.schmaehingen.info.de

TAILFINGER SCHLOSS
Älteste Burgruine der Westalb

Lage

Die Burgruine liegt 1 Kilometer südöstlich von Albstadt-Tailfingen auf der südlichen Bergseite des Schmiechatals (Zollernalbkreis).

Erreichbarkeit

Von Burladingen/Bitz über die Landesstraße 442 talwärts zum Ortsbeginn Tailfingen. Wenige hundert Meter nach dem Skilift links in die Leimenhäulestraße abbiegen. Sie führt durch das Wohngebiet um den Schlossberg herum nach Süden. Am Ende der Bebauung parken (780 Meter) und über die Wacholderheide aufwärts zum Waldrand gehen. Hier rund 400 Meter nach links (Norden) und dann über einen Serpentinenpfad hoch zur Burgruine (936 Meter), Infotafeln.

Während der hundertjährigen Regentschaft der Ottonen-Dynastie gelingt es im Südwesten vielen Adligen, sich gegen das Königtum zu positionieren. Von den Herrschern eigentlich nur als Amtsverwalter für verschiedene Gebiete eingesetzt, beginnen diese Grafen damit, ihre eigenen Besitztümer mit den ihnen anvertrauten Rechten zu vermengen. Und sie sichern diese dadurch, indem sie damit beginnen, ihre Titel innerhalb der Familie weiterzuvererben.

Im oberen Schmiechatal hat eine Grafenfamilie etwas für den Beginn des 11. Jahrhunderts noch völlig Neuartiges auf der Westalb gewagt: Sie errichtete auf einer steilen Felskuppe eine Höhenburg. Als architektonischer Ausdruck ihrer Macht und Größe, abgehoben vom einfachen Volk drunten in Tal. In der Mitte der Dörfer war der Adel Jahrhunderte lang in seinen Herrenhöfen gesessen. Die waren anfangs noch in Fachwerkbauweise, später dann als einziger Steinbau des Ortes errichtet worden. Nun schickten sich einige wenige Große an, eine umwehrte Wohnturmburg mit einigen Wirtschaftsgebäuden in luftiger Höhe zu errichten. Wer sich hier, den Keramikfunden nach zu urteilen, für gerade mal zwei Generationen auf dem Tailfinger Berg festgesetzt hatte, ist völlig unbekannt. Im Jahr 950 schenkte der Schwabenherzog Liudolf königlichen Besitz bei Tailfingen an das Kloster Reichenau. Gut möglich, dass von der Burg aus der Streubesitz des Bodenseeklosters auf der Zollernalb kontrolliert wurde. Die Bauherren bedienten sich einer vorgeschichtlichen doppelten Wallanlage, die bogenförmig um die um 15 Meter erhöhte Kernburg verläuft. Die Burgfläche bildet ein Oval von rund 50 x 80 Meter Größe. Das Zugangstor lag am südlichen Rand des Grabens, heute eine schmale Felsbrücke. Innerhalb der Kernburg wurden 1983 die Fundamente einer romanischen Kapelle freigelegt.

Tipp

Der Schlossfels ist Bestandteil des Traufgangs Wacholderhöhe (Start beim Schützenhaus Tailfingen, 800 Meter vor dem Skilift, Ortsausgang Richtung Neuweiler). Von dort geht es auf bezeichnetem Wanderweg nach 1,2 Kilometern zur Ruine. Ein weiterer Aussichtspunkt liegt rund 300 Meter südlich auf der Bergkuppe des Leimenfelsens, mit tollem Blick nach Ebingen.
www.traufgaenge.de

HÖHLENBURG SCHEUERLEFELS DONAUTAL
Das bizarre Felsennest

Lage

Die Höhlenburg liegt in einer Felswand des Donautals, südlich des Scheuerle-hofs (Landkreis Tuttlingen) zwischen Fridingen und 2,4 Kilometer westlich von Buchheim.

Erreichbarkeit

Die nicht ausgeschilderte Höhlenburg liegt in einem 781 Meter hohen Felsen, rund 30 Meter unter der Traufkante (Donautal 614 Meter). Von Fridingen (Ziegelhütte) Richtung Jägerhaus. Nach rund 1,2 Kilometern sieht man nach einem kurvigen Anstieg (Schänzle) den Scheuerlehof. Gut sichtbar klafft in der gegenüberliegenden oberen Felswand eine Höhlenöffnung. Wenige Meter nach dem links zum Hof führenden Weg geht rechts ein Wanderweg auf die Höhe Richtung Ruine Kallenberg. Oben angekommen folgt man dem Albsüdrandweg nach links, bis man den im Tal bereits am Baumbewuchs ausgemachten Felsen erreicht hat. Jetzt, hinter ihn stehend, geht man links (westlich) immer an der Felswand entlang weglos hangabwärts bis zu einer in den Stein gehauenen Felstreppe und dann wieder aufwärts zur Höhle mit traumhafter Aussicht.

Die Epoche der Salier, die von 1024 bis 1125 die Regenten stellten, begann verheißungsvoll: Das Reich war auf dem Höhepunkt seiner Blüte. Doch es endete im Desaster – zuletzt tobte in Deutschland ein einziger Kampf zwischen Fürsten und Kirche um oder gegen eine geistlich-religiöse Erneuerung. In diese unruhige Zeit fällt der Bau dieser bizarren Höhlenburg.

Die Wegbeschreibung zeigt, wie versteckt dieses Refugium heute immer noch liegt. Die Öffnung der 20 x 5 x 6 Meter großen Nische war mit groben Bruchsteinen vermauert; das Fundament ist noch zu sehen. Lehmbrocken im Hang deuten auch auf eine Fachwerkverbauung hin. In der Höhlenmitte ist eine Balkenstandfläche sichtbar. Funde hochwertiger Keramik zeigen, dass hier bis Anfang des 13. Jahrhunderts ein Adelssitz bestand. Es fanden sich eine Spinnwirtel, eine eiserne Geschossspitze, Hufnägel und Reste eines Kachelofens. Tatsächlich waren in der Höhle auch Pferde untergebracht. Angesicht des engen Zugangs über abschüssigem Gelände und auf einem schmalen aus dem Fels gehauenen Pfad kaum zu glauben! Doch die tiefen, leicht eingemuldeten Steintreppenstufen bieten keine andere Erklärung. Ein ehemaliger Abgang ins Tal endet auf einem schmalen Felsband in der steilen Wand, vier Meter oberhalb des Hangbodens. Womöglich stand hier eine Leiter.

Wer in der Höhlenburg lebte und wie sie hieß, lässt sich urkundlich nicht fassen. An der Stelle des abgelegenen Scheuerlehofes dürfte wahrscheinlich einst der Unterhof des Adelssitzes gelegen haben. Nirgends auf der Alb findet sich eine solche Dichte von Höhlenburgen, wie im oberen Donautal. Sie waren zwar mit wenig Aufwand zu befestigen, leicht zu verteidigen und schwer zu erobern; anderseits boten sie keine Fluchtmöglichkeiten.

Tipp

Der Fahrweg von Fridingen zum Scheuerlehof führt an einer Donauschlinge in einer Kurve durch einen Felsdurchbruch – dem „Schänzle". Auf der schwindelerregenden Hügelkuppe, mit Felsabsturz zur westlichen Flussseite, liegt eine weitere unbekannte und unerforschte Burgstelle (ohne Mauerreste).

KLOSTER ZWIEFALTEN
Vom Armuts-Konvent zum Klosterstaat

Lage
Das Münster liegt in der Ortsmitte von Zwiefalten (Landkreis Reutlingen).

Erreichbarkeit
Parkmöglichkeiten bestehen vor dem Münster oder an ausgeschilderten Plätzen.
Einige Gebäude der Klosteranlage werden vom Zentrum für Psychiatrie
(Münsterklinik) genutzt.

Ein epochaler und blutiger Machtkampf zwischen Anhängern des Papstes und dem Königstum erschütterte zwischen 1056 und 1125 das christliche Abendland. Der Konflikt entzündete sich am Streit um das Verfahren zur Einsetzung (Investitur) von Bischöfen. Die weltlichen Herrscher wollten das Recht beibehalten, kirchliche Ämter mit Laien-Kandidaten zu besetzen. Papst und Klerus beanspruchten jedoch dieses Recht für sich. Letztlich war der Konflikt Teil eines Wandlungsprozesses, der die alte Ordnung auflösen und das Verhältnis zwischen geistiger und weltlicher Macht neu ordnen sollte.
Die Gründung des Klosters Zwiefalten am 8. September 1089 ist eine Folge des Investiturstreits. Die zwei Brüder Cuno von Wülflingen (Burg bei Winterthur) und Liutold von Achalm (Burg bei Reutlingen)

waren die letzten Erben dieser bedeutenden Grafensippe. Als Anhänger des Papstes wollten sie mit der Gründung eines Klosters die kirchliche Reformbewegung gegen den König stärken. Die Stiftung war freilich auch für ihr eigenes Seelenheil in Jenseits gedacht. In enger Zusammenarbeit mit dem Reformkloster Hirsau wurde „am Zusammenfluss eines zwiefachen Baches" ein idealer Platz gefunden. Da die der Welt und materiellen Dingen entsagenden Benediktiner-Mönche nicht mit weltlichen Menschen zusammenwohnen durften, wurden die Bewohner des Ortes Zwivaltaha umgesiedelt und mit dem Bau des Konventsgebäudes bei der bestehenden Dorfkirche Sankt Marien begonnen. Das klösterliche Leben entwickelte sich rasant. Umfangreiche Stiftungen des papsttreuen Adels mehrten das

Klostergut. Zur Blütezeit um 1138 verfügte das um einen Frauenkonvent erweiterte Kloster über 880 Bauernhöfe in 152 Orten und bildete ein fast geschlossenes eigenes Territorium auf dem Gebiet des heutigen Landkreises Reutlingen.

Tipp

Das spätbarocke Münster Unserer lieben Frau (Weihe 1765) gilt als eines der besterhaltenen und bedeutendsten Kulturgüter nördlich der Alpen (Renovierung 1974 bis 1984). Bei einer Füh-rung gibt es spannende Einblicke in die Geschichte über die Gründerzeit, den Bau des ersten spätgotischen Münsters, den Neubau des jetzigen bis zur Auflösung im Jahr 1803. Das Münster kann zu den üblichen Öffnungszeiten besichtigt werden (außer bei Veranstaltungen). Nur über das Pfarramt sind geführte Besichtigungen (45 Minuten) möglich, die auch in den gesperrten Chorraum führen. Sehenswert ist auch der alte Friedhof, südlich der Anlage, an der Hauptstraße. Termine unter Telefon 07373/2252 (werktags, 9 bis 12 Uhr). www.zwiefalten.de

SCHLOSSRUINE HOHENJUSTINGEN
Der Marschall des Kaisers

Lage

Die Ruine Hohenjustingen liegt oberhalb von Schelklingen-Hütten, rund
2,5 Kilometer südwestlich von Justingen (Alb-Donau-Kreis). Frei zugänglich.

Erreichbarkeit

Von Mehrstetten/Schelklingen ins Schmiechtal. In Hütten über die Steige
(Kreisstraße 7330) unterhalb des Burgfelsens in Richtung Justingen. Auf der
Anhöhe zweigt am Ende des linken Waldstücks der Burgweg ab. Er führt nach
200 Metern an einem Gebäude vorbei, rechtwinklig nach links abbiegend
gelangt man nach weiteren 500 Metern zur Burgstätte.
Alternativ von Hütten in der ersten Steige durch das höhlenreiche Bärental
aufsteigen (1,9 Kilometer). Auf dem Gelände der seit wenigen Jahren teil
instandgesetzten Ruine erklären zahlreiche Schautafeln ausführlich die
Geschichte der Burg und der Herrschaft.

Kaiser, Könige und Herzöge. Das
Adelsgeschlecht der Staufer prägte
zwischen 1079 und 1268 das euro-
päische Mittelalter. Von der Burg
Hohenstaufen am Nordwestrand
der Schwäbischen Alb ausgehend
wuchs eine Dynastie heran, die Universitäten gründete, ein Rechtssystem schuf, die höfische Kultur
förderte, Städte und viele Burgen
erbaute. Auf ihrem Höhepunkt
herrschten die Staufer über ein Hei-
liges Römisches Reich, dass sich
von der Nordsee bis nach Sizilien erstreckte. Friedrich II. war vielleicht
der bedeutendste deutsche Kaiser.
Als er 16 wurde, wählten die
schwäbischen Fürsten den Enkel des berühmten Kaisers Barba-
rossa 1211 zum neuen König. Da er
aber in Sizilien lebte, musste er zunächst nach Deutschland gebracht
werden. Für diese Aktion wurde Anselm von Justingen auserkoren, der
zunächst in Rom die päpstliche Zu-
stimmung für die Mission holte, um
dann in den Süden weiterzureisen.
Dort gelang es ihm, Friedrich zu
überzeugen, die Königswürde anzunehmen. Im März 1212 querten
sie mit kleinem Gefolge die Alpen
und wurden in Konstanz von Anhängern empfangen. Im Juli folgte
im Aachener Dom die Königskrö-
nung. Anselm wurde von Friedrich
zum Reichshofmarschall ernannt –

dem obersten Verwaltungsbeamten des Reiches.

Im Sommer 1221 kam Anselm mit einer Flotte den in Ägypten bedrängten Kreuzfahrern zu Hilfe. 1230 wechselte er die Fronten und stand in Diensten von Heinrich VII., Friedrichs Sohn, der sich gegen den Vater auflehnte. Den Verrat musste Anselm im Sommer 1235 mit der Zerstörung seiner Stammburg Hohenjustingen durch Truppen des Bischofs von Konstanz bezahlen. Der Reichsacht ausgesetzt, musste Anselm nach Wien fliehen, wo sich seine Spur 1244 verliert.

Die wiederaufgebaute Burg wich 1567 einem großen Renaissance-schloss, das 1834 bis auf wenige Mauerreste abgebrochen wurde.

Tipp

Seit 2012 krönt eine sogenannte Stauferstele den Kirchplatz des Dorfes Justingen. Mit ihr wird an den Reichhofmarschall Anselm von Justingen gedacht. Diese Gedenksteine mit oktogonalem Grundriss lehnen sich an die vom Stauferkaiser Friedrich II. um 1240 in Auftrag gegebene achteckige Burg Castel del Monte in Apulien an. Die über 30 Stelen gehören zu einem am 750. Todestag (13. Dezember 2000) des letzten Stauferkaisers begonnenen Projekts. Das Komitee der Stauferfreunde lässt die Steine europaweit an Stätten errichten, die für die Geschichte der Stauferzeit eine besondere Rolle gespielt haben.

www.stauferstelen.net

STADTWÜSTUNG FÜRSTENBERG
Untergang der Residenz

Lage

Der Fürstenberg mit der gleichnamigen untergegangenen Stadt- und Burganlage ist ein Zeugenberg an der Nordseite der Baar-Alb (Höhenzug Länge), südlich von Hüfingen, Schwarzwald-Baar-Kreis.

Erreichbarkeit

Auf der Bundesstraße 27 von Hüfingen Richtung Blumberg. Nach Behla auf die Kreisstraße 5745 zum (neuen) Dorf Fürstenberg abbiegen. Am nördlichen Ortsende von der Neudinger Straße nach rechts auf ein Sträßchen abzweigen, dass zu einem Parkplatz an der Hochfläche (918 Meter) führt (Aussichtspunkte, Kapelle).

Der Brand am Vormittag des 18. Juli 1841 war verheerend: Die gesamte Stadt lag in Schutt und Asche. Der Wiederaufbau einer Stadt an dieser exponierten Stelle, auf dem höchsten und wasserlosen Berg der Baar, passte nicht mehr in die neue Zeit. Man entschied sich, die Siedlung am Fuße des 918 Meter hohen Fürstenbergs wieder aufzubauen. Zwar ging das Stadtrecht

damit verloren, doch die Lebensumstände für die Bewohner wurden angenehmer.

Im Jahr 1175 hatte der Herzog von Zähringen den „fürdersten" (vorstehenden) Berg besetzt und die dortige Höhenburg der Grafen von Zollern an sich gebracht, um die Verkehrswege durch den Südschwarzwald unter Kontrolle zu bekommen. Lang konnte sich die Hochadelsfamilie an der Eroberung nicht erfreuen. Die Dynastie starb 1218 aus, der Berg ging als Erbe an die Grafen von Urach. Um 1250 spaltete sich die Familie. Ein Seitenzweig blieb auf dem Berg sitzen, nannte sich fortan Grafen von Fürstenberg und legte im benachbarten Neudingen mit „Maria Hof" das Hauskloster der Familie an.

Das aufstrebende Geschlecht erweiterte den Burgweiler auf dem östlichen Plateau zu einer kleinen Stadtanlage. Hier wohnten adlige Dienstleute und der Hofstaat aber auch die für die Versorgung notwendigen Bauern und Handwerker. Auf der westlichen Seite, am Standort der 1964 errichteten Augustinuskapelle, residierte die Grafenfamilie bis zur Verlegung des Familiensitzes um 1500 nach Donaueschingen (das heutige Schloss der Fürsten von Fürstenberg entstand um 1723).

Durch den Abzug des Hofes verlor die Stadt sowohl an Bedeutung wie auch an Bewohnern. Zwar wurde die Burg zum „Zweitwohnsitz" der Fürstenberger ausgebaut, stand aber meistens leer. Die Siedlung verfiel zusehends zu einem armen Ackerbürgerstädtchen; Wasser und die Ernte mussten mühsam aus dem Tal auf die Höhe gebracht werden. Zuletzt lebten nur noch 200 Menschen in der damals kleinsten Stadt des Landes.

Tipp

Der „Historische Lehrpfad Fürstenberg" (Wegstrecke 1 bis 2 Kilometer) gibt an mehreren Stationen einen Einblick über Geologie, Pflanzenwelt, Bebauung, Besiedlung, Leben und Wirken auf dem Zeugenberg.
www.huefingen.de/tourismus

BURG KATZENSTEIN
Älteste romanische Burg

Lage
Die Erlebnisburg Katzenstein (540 Meter) liegt im gleichnamigen Stadtteil von Dischingen (Kreis Heidenheim) nahe der bayerischen Grenze auf dem Härtsfeld (Ostalb).

Erreichbarkeit
Autobahn 7, Anschlussstelle Heidenheim über die Bundesstraße 466 nach Nattheim. Dort über die Landesstraße 1181 nach Dischingen. In der Ortsmitte links über die L 2033 nach Katzenstein.

Wenige Jahre nachdem Friedrich I., Herzog von Schwaben, um 1079 auf der Kuppe des Berges Hohenstaufen eine standesgemäße Burg errichten ließ, die zum Stammsitz und zur Namensgeberin für das Kaiser- und Königsgeschlecht werden sollte, baute auch ein Ritter „de Cazzenstein" rund 60 Kilometer östlich eine Anlage auf einem Felsenhügel. Während der Hohenstaufen 1525 von aufständischen Bauern zerstört wurde und ein Wiederaufbau des „deutschen Nationaldenkmals" 1871 am Geld

scheiterte, hat die Burg auf dem Katzenfelsen die Wirren des letzten Jahrtausends gut weggesteckt.

Sie gilt heute als mithin älteste erhaltene romanische Burganlage Süddeutschlands. In den vergangenen zehn Jahren wurde sie von privater Hand aufwendig saniert. Ihre Grundmauern stammen noch aus der Zeit vor den Kreuzzügen. Den durch Umbau um 1200 in Buckelquaderbauweise gewonnenen Charakter einer stauferzeitlichen Ritterburg hat sie sich bis heute trotz späterer Um- und Neubauten bewahrt.

Die Burg hatte im Laufe der Zeit einigen internationalen, wenn auch ungebetenen Besuch: Im Dreißigjährigen Krieg wurde Katzenstein nach zwei Tagen Beschuss vom schwedischen Feldherrn Gustaf Horn eingenommen. Im September 1703 eroberten die Franzosen die Burg im Spanischen Erbfolgekrieg. Ein Jahr später nächtigte der englische Befehlshaber John Churchill, Herzog von Marlborough (Vorfahre von Prinzessin Diana), auf der Burg, ehe er in der Schlacht von Hochstädt zog, wo er die Franzosen besiegte. Im Revolutionskrieg hielt der österreichische Feldmarschall von Hotze die Burg im August 1796 besetzt, ehe dieser von Napoleons Truppen wieder vertrieben wurde.

Tipp

Besucher tragen zum Erhalt der Anlage durch Entrichtung eines geringen „Wegezolls" bei. Darin enthalten sind die Besichtigung der hervorragend erhalten Burganlage mit Turm (Fernsicht), Waffen- und Jagdzimmer, der Burgkapelle aus dem 13. Jahrhundert, weiterer Räume und des Museums. Öffentliche Führungen werden jeweils um 11, 13 und 16 Uhr angeboten oder nach Vereinbarung. Die Anlage ist täglich, je nach Jahreszeit, zwischen 10 und 17/21 Uhr geöffnet.

Ganzjährig gibt es verschiedene Kultur- und Kinderprogramme (Ritterturnier, Burgtheater, Rittermahl, Künstlermarkt); Hunde sind auf der gesamten Anlage zum Schutz des Denkmals nicht erlaubt. Die mehrfach ausgezeichnete Burggastronomie hat im Januar und Februar Betriebsferien.
Telefon 0 73 26/91 96 56
www.burgkatzenstein.de

SCHLOSSBERG BOLLINGEN
Anarchie im Reich

Lage
Der Schlossberg liegt zwischen Weidach und Bollingen am Rande des bewaldeten Kiesentals (Alb-Donau-Kreis).

Erreichbarkeit
Auf der Bundesstraße 28 nach Blaustein-Klingenstein. Von dort über die Landesstraße 1239 Richtung Bollingen. Kurz vor Ortsbeginn links Richtung Sportanlage abbiegen. Nach 150 Metern an einer großen Feldscheuer parken (Entfernung zur Burg 250 Meter). Dem in Richtung Wald führenden, verwachsenen Feldweg westwärts rund 250 Meter durch eine Talsenke folgen. Am Waldrand liegt zunächst eine 120 × 70 Meter große umwallte Vorburg (610 Meter). Quert man den Wald weiter nach Westen, folgt am anschließenden felsigen Hang die Burgstelle (600 Meter), rund 50 Meter oberhalb des Kiesentals.

Mit dem Tod des letzten Stauferkönigs Konrad IV. im Jahr 1254 begann im Reich eine düstere Epoche: Die Zwischenzeit (Interregnum) war angebrochen. Die Frage, wer an der Spitze der Christenheit stehen sollte – der Papst oder der Kaiser – spaltete das Land. Im Januar 1257 kam es wegen Stimmengleichheit

zur Doppelwahl von zwei Königen. Ihnen gelang es weder Anerkennung im Reich zu finden, noch die Ordnung aufrecht zu erhalten. In führungsloser Zeit versuchten niedere wie auch hohe Adlige sowie geistige Herren ihre Ansprüche und Territorien zu vergrößern. Sie eigneten sich Reichseigentum (Lehen) an und führten Zölle und Abgaben ein. Es war die Geburtsstunde des Raubrittertums und der Beginn der Kleinstaaterei. Das Faustrecht obsiegte über ein nicht mehr funktionierendes Rechtssystem. Aus der Anarchie entwuchs aber auch eine neue Ordnung: Städte wurden eigenständig und schlossen sich zu

Bündnissen zusammen. Der berühmteste Bund ist die deutsche Hanse. Das Interregnum endete 1273 mit der Wahl Rudolfs von Habsburg.

Der Familie Roth aus der Ulmer Oberschicht gelang in dieser verworrenen Zeit der wirtschaftliche Aufstieg. Sie eignete sich viel Grundbesitz an und wurde Burgbesitzer. Von der vergessenen Anlage über dem romantischen Kiesental haben sich nur wenige Reste erhalten. Zwei tiefe Gräben riegeln die 15 x 15 Meter kleine Anlage ab. Auf dem vorgelagerten, von Holzpalisaden umwallten Höhenrücken standen vermutlich die Wirtschaftsgebäude. Die Burg ist im 14. Jahrhundert verlassen worden. Die Grafen von Helfenstein (Geislingen)

hatten die Roths mit einer Burg belehnt, nach der sich die Familie fortan „von Schreckenstein" nannte. Ob diese Anlage mit der von Bollingen identisch war, ist nicht geklärt. Mit der gleichnamigen Jugendbuchserie von Oliver Hassencamp hat sie zumindest nichts gemein.

Tipp

Ein Zweig der Familie Roth hat die Burg Klingenstein (Bild links), seit 1756 Schlossanlage, auf einem Bergsporn oberhalb von Blaufelden errichtet. Die Anlage ist im Besitz der Leube-Stiftung und nur nach Vereinbarung zugänglich, aber von außen jederzeit zu besichtigen.
www.blaustein.de
www.schloss.klingenstein.de

RUINE UND STADT HOHENBERG
Höchstgelegene Ruine der Alb

Lage

Der Oberhohenberg mit der Ruine (liegt südöstlich des Schramberger Teilorts Schörzingen (Zollernalbkreis).

Erreichbarkeit

Von Schömberg über die Landestraße 435 auf die Hochfläche nach Deilingen. Am Ortsbeginn die Reuthofstraße nach rechts rund 1,8 Kilometer bis zum Wanderparkplatz mit Erlebnistreff (Bewirtung an Sommerwochenenden). Von dort (864 Meter) über den ausgeschilderten Weg an der ehemaligen Burgkapelle vorbei 700 Meter zur Ruine (1011 Meter) aufsteigen. Die untergegangene Stadtanlage Hohenberg liegt am westlichen Bergfuß (Infotafeln).

Das Ende der Anarchie in Schwaben zeichnete sich nach 19 Jahren ohne Herrschergewalt mit der Wahl von Rudolf von Habsburg ab. Am 24. Oktober 1273 wurde er in Aachen zum neuen römisch-deutschen König gekrönt. Die Krisenzeit hatte der Graf aus dem Aargau ausgenutzt, um selbst mit Gewalt zum mächtigsten Territorialherren in Schwaben aufzusteigen. Eine Abrundung seines Besitzes erreichte er durch die elsässische Mitgift seiner Gemahlin Gertrud. Er hatte 1253 die älteste Tochter des auf der Burg Hohenberg bei Schörzingen residierenden Grafen Burkhard und dessen Ehefrau Pfalzgräfin Mechthild von Tübingen geheiratet. Die Schwäbin verfügte über alle Tugenden einer Dame von Hof: Sie

zeigte sich wohltätig und war selbst den Feinden des Königs gegenüber großmütig. Sie schenkte Rudolf elf Kinder. Durch eingefädelte Heiraten gelang es ihnen, alle Fürstenfamilien, die Rudolf zum König wählten, mit Schwiegersöhnen an sich zu binden. Nach der Krönung an der Seite ihres Mannes ließ Gertrud sich fortan Anna von Habsburg nennen. Sie gilt als Stammmutter des Hauses Österreich, das vierhundert Jahre lang die Kaiser des römisch-deutschen Reiches stellte.

Die Herrschaft Hohenberg war nach 1179 entstanden, als sich ein Sohn von den Hohenzollern abgespalten und mit dem Erbe auf dem namensgebenden Hohenberg den Mittelpunkt einer eigenen Grafschaft geschaffen hatte. An der

nordwestlichen Bergterrasse unterhalb der Hochadelsburg entstand um 1270 das Städtchen
Hohenberg, mit Handwerkervier-
tel und Marktrecht. Die Stadtanlage
hatte einen Umfang von 175 Meter
Länge und 90 Metern Breite. Von
der 1,80 Meter dicken Stadtmauer
sind noch heute die Fundamente
zu sehen. Obwohl die Burg bereits
1449 in einer Fehde von der Reichs-
stadt Rottweil zerstört wurde, hielt
sich das „Stättlin" noch bis 1582.
Anna starb 1281 in Wien und liegt
seit 1770 im Stift St. Paul im La-
vanttal (Kärnten) bestattet. Rudolf
starb 1291 an Gicht und liegt im
Speyrer Dom.

Tipp

Auf der höchstgelegenen Burgruine
der Alb ist 2014 der „Erlebnistreff Burg
Oberhohenberg" fertiggestellt worden.
Durch Freilegung von Fundamenten eines einst 30 Meter (!) hohen Turmes
und einer aufwendig gestalteten Infor-
mationsplattform wird den Besuchern
historisches Wissen von der Stätte vermittelt, wo der deutsche König Rudolf
1286 mit großen Gefolge logierte. Eine
Attraktion ist die schwindelerregende
Hängebrücke zwischen den Gräben der
77 Meter langen und 40 Meter breiten
Hauptburg.
www.stadt-schoemberg.de

RUINE SCHILTENBURG
Fünf verschwundene Dörfer

Lage

Die Ruine Schiltenburg (Schülzburg) liegt am Beginn des autofreien Lautertals, südlich von Hayingen-Anhausen (Landkreis Reutlingen).

Erreichbarkeit

Im Lautertal nach Indelhausen, weiter auf der Kreisstraße 6752 nach Anhausen, rechts in den Weiler abbiegen, der Lauter folgen und unterhalb der Ruine auf dem Schülzburgweg entlang zum großen Wanderparkplatz. Vom Tal (579 Meter) führt ein Forstweg zur Burg hinauf (610 Meter). Wegen Einsturzgefahr nicht begehbar.

Am Morgen des 14. Februar 1884 stand Schloss Schiltenburg in Flammen. Der Brand hatte sich über einen schadhaften Kamin im dritten Stock rasend schnell ausgebreitet und zerstörte den einzigen noch intakten Mittelalterbau des Lautertals. Seither liegt die 1990 baugesicherte Ruine im Dornröschenschlaf. 1605 hatte die Adelsfamilie Speth diesen Schlossbau neben einer 300 Jahre älteren Burganlage errichtet – dem heute

westlich gelegenen ausgebrannten Gebäude mit Hof und Schildmauer. Bereits im Jahr 1208 war es dem aufblühenden Bodenseekloster Salem gelungen, im Lautertal Fuß zu fassen und eine ältere Schiltenburg in Besitz zu bringen. Außerdem die umliegenden Ortschaften Anhausen, Altmannshausen, Bolstetten, Wallenstetten, Weilerfeld und Winden. Die Zisterziensermönche räumten die Weiler und siedelten die Bauern in einer zentralen Gutshofanlage in Altmannshausen auf der Hochfläche an. Diese sogenannte Grangie wurde intensiv bewirtschaftet, vornehmlich mit der Schafzucht. Den benachbarten Adelsherren von Wartstein und Gundelfingen war der Klosterhof ein Dorn im Auge, es kam zu Raub- und Brandschatzungen, 1319 wurde er zerstört. 1329 stießen die Mönche ihre gesamten Besitzungen an Ritter Walter von Stadion ab, der die alte Schiltenburg zur Festung ausbaute und weiterverkaufte, während die umliegenden Dörfer bis auf Anhausen spurlos verschwanden – ein Beispiel für das Schicksal unzähliger Dörfer auf der Alb im Spätmittelalter.

Tipp

Spurensuche nach untergegangenen Dörfern: Rund ein Kilometer südwestlich der 1848 angelegten Siedlung Kochstetten lagen die Häuser und die Kirche von Altmannshausen (Flurname Öde Mauer). Scherbenfunde und Bodenunebenheiten zeugen davon. Bolstetten (bereits 817 genannt) lag südöstlich benachbart, nördlich des 1858 erbauten Hülbenhofs. Zwischen ihm und dem nördlich angrenzenden Kapellenwald sind die Fundamente der Dorfkirche St. Ursula zu sehen. Sie ist 1789 abgebrochen und in Anhausen neu errichtet worden. Wallenstetten (Waldname) lag auf Höhe der bewaldeten Bergkuppe, rund ein Kilometer nördlich von Kochstetten. Weilerfeld lag 500 Meter östlich der Schülzburg und bildet heute eine Lichtung. Winden befand sich südlich der Burg, an der Lauterbrücke zum Wanderparkplatz.

FELSENBURG LENZENBERG DONAUTAL
Durch Erdbeben zerstört

Lage

Die Felsenburg Lenzenberg liegt zwischen Neidingen und Neumühle am südlichen Steilhang über dem Donautal (Landkreis Sigmaringen).

Erreichbarkeit

Auf der Donautalstraße 277 von Gutenstein Richtung Beuron. Die nach der Burg benannte breite Wand der Lenzenfelsen liegt direkt gegenüber der Schaufelsen. Vom Wanderparkplatz Neumühle (590 Meter) gelangt man über einen ausgeschilderten Wanderweg auf die Höhe (790 Meter). Bequemer geht es von der Hochfläche: Die Ruine liegt 3 Kilometer nördlich der Michaelskapelle von Kreenheinstetten. Im Dorf folgt man den in West-Nord-Richtung ortsaus-wärts führenden Weg In Aispen zunächst 500 Meter bis zu einem Feldkreuz, biegt dann rechts ab. Nach weiteren 500 Metern knickt der Weg nordwärts ab und führt nach 700 Meter direkt in den Wald, abwärts ins Donautal. Hier gelangt man am Trauf oder bereits zuvor an nach rechts abbiegenden Wegen nach einem Kilometer zur Ruine.

Am Mittag des 25. Januar 1348 er-schütterte ein einminütiges Beben mit der ungeheuren Stärke von 8 auf der zwölfteiligen Mercalliskala Mitteleuropa. Das Epizentrum des Bebens lag im Nordosten Italiens,

nahe Friaul. Zahllose Dörfer fie-len in sich zusammen und Berg-stürze wurden ausgelöst. Rund 200 zeitgenössische Quellen berichten von der Katastrophe. Allein in Böh-men stürzten 34 Burgen ein. Die Erschütterungen sollen auch die Felsenburg Lenzenberg zerstört haben. Zumindest wird die Anlage kurz danach als Burgstall bezeich-net.

Ein 8 bis 12 Meter breiter Graben trennt die hufeisenförmige, 30 x 30 Meter große Vorburg von der Albhochfläche. Ihr folgt ein zwei-ter Graben, dem sich eine einst

2,8 Meter starke und 19 Meter lange Schildmauer anschloss. Ihr am südlichen Rand angebaut war ein hoher Wohnturm, platziert auf der höchsten Stelle des felsigen Bergsporns. Über die Erbauer der Burg ist nichts bekannt. Vermutlich wurde die Anlage im 12. Jahrhundert von den Grafen von Montfort errichtet – einem Zweig der in Tübingen ansässigen Pfalzgrafen, die durch Erbe in den Besitz des Gebietes rund um Sigmaringen gelangt waren.

Tipp

Von der dem Lenzenberg gegenüber liegenden Gipfelruine Schauenburg (780 Meter) an der Donaunordseite lässt sich die gewaltige Felswand quasi auf Augenhöhe bestaunen. Schauenburg liegt auf dem nach ihr benannten Felsmassiv – dem wohl beeindruckendsten Aussichtsfelsen des Donautals: Von Stetten am kalten Markt zum Naturfreundehaus Donautal/Steighöfe. Vom dortigen Parkplatz gelangt man nach 1,9 Kilometern auf ausgeschildertem Weg, vorbei an verschiedenen Aussichtspunkten, zur 1430 zerstörten Burganlage.

KLOSTER CHRISTGARTEN RIESALB
Der Geist der Kartäuser

Lage

Die Klosterkirche Christgarten liegt in einem abgelegenen Tal am Rande der Ries-Alb im Donau-Ries-Kreis.

Erreichbarkeit

Auf der Bundesstraße 466 von Neresheim Richtung Nördlingen. Nach der bayerischen Grenze in Ederheim über die DON 1 wieder südlich Richtung Albrand/Forheim. Am Eingang des Kartäusertals liegt das kleine Straßendorf Christgarten mit der St.-Peters-Kirche. Die Klosterkapelle wird von der evangelischen Kirchengemeinde Ederheim/Hürnheim betreut, gelegentlich gibt es Gottesdienste. www.drev.de

Als nach Ende des Dreißigjährigen Kriegs das Land wüst und fast entvölkert brachlag, gab es für das Kartäuserkloster Christgarten keine Zukunft mehr. Die Ries-Grafen Ludwig und Friedrich von Oettin-

gen hatten 1383 bei einer schon bestehenden Peterskapelle das außergewöhnliche Kloster zunächst unter dem Namen „Unseres Herrgotts Garten" gestiftet. Denn im Gegensatz zu den herkömmlichen Konventen lebten die Mönche nicht im Hauptgebäude, sondern in eigenen kleinen Häuschen mit Gartenteil innerhalb des Klosterareals.

„Das Kreuz steht fest, während die Welt sich dreht" war der Wahlspruch des 1170 vom Papst anerkannten Kartäuserordens. Die Anhänger weihen ihr überwiegend in Stillschweigen und Einsamkeit gehülltes Leben dem Gebet. Heute gibt es weltweit noch 450 Mönche in 24 Kartausen.

Dank Zuwendungen blühte Christgarten rasch auf und erwarb Güter,

Wälder und Weingärten. Nachdem die Grafenfamilie auf die Seite der Reformation wechselte, wurden 1558 die Kartäusermönche zu evangelischen Pfarrern umgeschult. Selbst der Prior von Hürnheim war zur neuen Lehre übergetreten.

Als 1546 der Kaiser im Schmalkaldischen Krieg den Protestantismus gewaltsam zurückdrängte, kam es auch zu Verwüstungen des Klosterbesitzes. Im südthüringischen Schmalkalden hatten sich protestantische Fürsten und Städte zusammengetan, um gegen die Religionspolitik des katholischen Kaisers Karl V. anzukämpfen.

In Christgarten haben sich nach dem Abbruch des dreiflügeligen Konventbaus mit seinem Kreuzgang nur der Mönchschor, Teile des Kapitelsaals, das Laienbruderhaus und der Friedhof erhalten. Der berühmte Scheuffelinaltar kam in die Alte Pinakothek nach München.

Tipp

Das vier Kilometer lange burgenreiche Kartäuser Tal ist wegen seiner Abgeschiedenheit am Rande des Nördlinger Ries ein beliebtes, aber nicht überlaufenes Ausflugsziel. Bereits am Taleingang liegen die sehenswerte Ruine Niederhaus (490 Meter), gegenüber die Wallanlage Hagburg, ein Kilometer talaufwärts die Höhenburg Hochhaus (555 Meter), außerdem ein Wildschweingehege (mehrere Wanderparkplätze).

www.ederheim.de

Neuzeit

KÜSSABURG – KÜSSABERG
Die Unbezwingbare

Lage
Die Küssaburg liegt am westlichsten Ausläufer der Randenalb, oberhalb der
Gemeinde Küssaberg (Landkreis Waldshut-Tiengen).

Erreichbarkeit
Von Blumberg/Randen auf die Bundesstraße 314 in Richtung Waldshut. In
Lauchringen links auf die B 34, wenig später rechts auf die Landesstraße 162
nach Bechtersbohl abbiegen. Am Ortsbeginn links aufwärts zum Gasthof
Küssaburg. Vom dortigen Parkplatz erreicht man nach 500 Metern kurzem
Anstieg das Burgplateau auf 634 Höhenmeter. Frei zugänglich.

Im Jahr 1499 gipfelte das Ringen um die Vormachtstellung im heutigen schweizerisch-österreichischen Grenzgebiet im „Schwabenkrieg". Südbaden, das damals wie der Großteil der Westalb als „vorderösterreichischer" Streubesitz zu Habsburg gehörte, lag mitten im Kampfgebiet. Im Frühjahr unternahmen eidgenössische Verbände mehrere Vorstöße über den Rhein, zerstörten die Städte Tiengen, Stühlingen und Tengen-Blumenfeld. Eine 500 Mann starke Truppe

belagerte die auf einem Bergsporn thronende Küssaburg – ein Bollwerk, 90 Meter lang, bis zu 25 Meter breit. Die dortige Verteidigung hatte der berühmte Geschützmeister Romäus Mans aus Villingen mit gerade mal 25 Mann übernommen. Angesichts der Übermacht meuterten die aus einfachen Bauern rekrutierten Verteidiger, steckten die Anlage mit ihren 139 Zimmern selbst in Brand und ergaben sich dem Feind. Nach dem baldigen Friedensschluss wurden die Meuterer in Waldshut hingerichtet, Romäus hingegen vom späteren habsburgischen Kaiser Maximilian I. ausgezeichnet.
Die Stadt Villingen hat ihrem Lokalhelden nicht nur eine lebensgroße Statue gewidmet, sondern einen ihrer Stadttürme mit seinem Bildnis

versehen und ihm seinen Namen gegeben.

Die Küssaburg wurde von den hier begüterten Grafen von Sulz/Neckar wieder aufgebaut. 1525 versuchten die unter der harten Leibeigenschaft leidenden Bauern des Klettgaus vier Mal die Burg erneut niederzubrennen. Rudolf von Sulz, der „Bauernbezwinger" ließ 200 von ihnen töten, dem Anführer Klaus Wagner nebst einem Pfarrer im Burghof die Augen ausstechen und vereitelte damit auch die Einführung der Reformation. Das endgültige Ende der Burg kam am 8. März 1634 während des Dreißigjährigen Kriegs, als die katholisch-kaiserliche Besatzung die Festung selbst sprengte, um sie den schwedischen Truppen nicht in die Hände fallen zu lassen.

Tipp

Die Küssaburg ist die großartigste Ruine der Landschaft zwischen Schaffhausen und der Wutachmündung. Von der instandgesetzten Anlage, in dem vom Verkehr wenig erschlossenen Grenzgebiet von Randenalb und Rhein, genießt man einen ausgezeichneten Rundblick auf die Schweizer Alpen und den Südschwarzwald. Gerühmt wird die Burg für die von hier zu beobachtenden Sonnenuntergänge. Das Ausflugsrestaurant Küssaburg hat täglich außer montags und dienstags von 10 bis 22 Uhr geöffnet. www.kuessaberg.info

TIGERFELD UND SATTLER-KAPELLE
Schlacht bei Tigerfeld

Lage
Tigerfeld liegt an der Bundesstraße 312 zwischen Pfronstetten und Zwiefalten (Landkreis Reutlingen).

Erreichbarkeit
Der Friedhof von Tigerfeld liegt am westlichen Ortsrand bei der Sankt Stephanuskirche (täglich geöffnet). Die Sattler-Kapelle liegt 4 Kilometer westlich vom Friedhof, nördlich der nach Kettenacker führenden Verbindungsstraße. Man folgt dem Weg durch den Wald. An dessen Ende führt ein Feldweg rechts nach 250 Metern zur Lichtung des Wallfahrtsortes.

Die Abgaben wurden willkürlich erhöht, Frondienste ständig ausgedehnt. Die Lage für das „gemeine Volk" wurde immer unerträglicher. Im Frühjahr 1525 hatten sich 12000 oberschwäbische Bauern im „Baltringer Haufen" zusammengetan. An die 300 Beschwerdeschriften hatten sie in den Dörfern gesammelt. Dabei erkannten sie durchaus an, dass ihnen gewisse Pflichten auferlegt sind, forderten aber die Aufhebung der Leibeigenschaft und die Wahl des Pfarrers durch die Gemeinde. Die Obrigkeit, organisiert mit über 100 Territorialherren im Schwäbischen Bund, lehnte die radikalen Reformen ab. Gewalttätige Kräfte gewannen unter den Bauern die Oberhand. Hitzköpfe setzten Adelssitze im Donaugebiet in Flammen, einem Flächenbrand gleich war der Aufstand entfacht. Von ihrem Lager im Tautschbuch bei Mörsingen zogen die Aufständischen am 2. April plündernd ins Kloster Zwiefalten, unzählige alte Urkunden wurden vernichtet. Die Mönche flohen auf die Burg Hohengundelfingen. Ihnen zu Hilfe eilte der Heerführer der bündnischen Truppen, Georg Truchsess von Waldburg-Zeil, mit einer 2000 Mann starken Reiterei und 7000 Mann Fußvolk. Die Soldaten sprengten den Haufen auseinander und metzelten „nicht wenige" nieder. Die Fliehenden zerstreuten sich im Umland. Eine Bauerngruppe, die sich nahe Tigerfeld auf dem Sattlerfelsen in Sicherheit bringen wollte, wurde aufgestöbert und aufgerieben. Am 12. April war der Aufstand des „Baltringer Haufens" niedergeschlagen.

Landwirte hatten im 19. Jahrhundert beim Pflügen ihrer Äcker Knochen- und Waffenfunde gemacht und sie mit dem Gemetzel in Verbindung gebracht, weshalb dieses als „Schlacht" bei Tigerfeld in die Lokalgeschichte eingegangen ist. Am Friedhof erinnert eine Gedenktafel an das Ereignis. Wahrscheinlicher ist jedoch, dass die Gebeine aus frühalamannischen Friedhöfen stammten, als es noch Brauch war, die Verstorbenen mit Waffen zu beerdigen.

Tipp

Nach Ende des Aufstandes wurde auf dem Felsrücken des „Sattler" ein Bildstock aufgestellt, dem bald der Bau einer Marienkapelle durch die Abtei Zwiefalten folgte. Um 1611 sollen sich hier verschiedene Wunderheilungen zugetragen haben; während des 18. Jahrhunderts sind Wallfahrten und Prozessionen verbürgt, eine Klause wurde errichtet. 1818 wurde die Kapelle abgerissen, der Altar ging in die Kirche nach Aichstetten, die Pieta auf den Hochaltar von Sankt Nikolaus nach Pfronstetten. Wald wuchs über den Sattler. Der Orkan Wiebke brachte 1990 den vergessenen Sattlerbrunnen wieder zum Vorschein. Der historische Ort rückte wieder ins Bewusstsein, eine neue „Sattlerkapelle" wurde errichtet, die jeden September zum Ziel von Sternwanderungen wird.

www.pfronstetten.de/kirchliches

LAUTERN UND BURG LAUTERSTEIN
Geheimversteck von Paracelsus

Lage
Der Weiler Lautern mit der Burgstelle Lauternstein (550 Meter) liegt am Quelltopf der Kleinen Lauter (521 Meter), nordwestlich von Herrlingen (Alb-Donau-Kreis).

Erreichbarkeit
Von der Bundesstraße 28 zwischen Blaubeuren und Ulm in der Herrlinger Ortsmitte nach Norden ins Kleine Lautertal bis zu dessen Ende im Weiler Lautern. Parkmöglichkeiten an der Kirche. Dahinter, am Beginn der schluchtartigen Verengung, liegt der frei zugängliche Quelltopf. Auf der Talseite gegenüber liegt links auf dem letzten Felsen die Burgstelle Lauterstein. Man erreicht sie über einen Fußweg, der über die Brücke auf die Anhöhe führt (Wegstrecke 500 Meter).

Philippus Theophrastus Aureolus Bombastus von Hohenheim, besser bekannt unter dem Namen Paracelsus, war der berühmteste Alchimist der frühen Neuzeit. Nach seinem Medizinstudium 1519 zog er als Wundarzt durch Europa. Seine Heilungserfolge waren legendär, er hielt Vorlesungen an verschiedenen Universitäten. Wegen seinen Sympathien für die aufständischen Bauern war er oft auf der Flucht. 1541 starb er mit 47 Jahren in Salzburg an einer Quecksilbervergiftung.

Im abgelegenen Kleinen Lautertal bilden einige wenige bäuerliche Anwesen die sogenannte Einöde Lautern. Jahrhunderte lang gab es hier nur eine Kirche nebst Mesnerhaus, eine Gaststube und sechs Mühlen. Der seither wenig gewachsene Weiler entstand im Zusammenhang mit der Anlage der Burg Lauterstein Anfang des 13. Jahrhunderts.

Die Oberamtsbeschreibung Blaubeuren weiß 1830 zu berichten, dass „die Sage ist, Theophrastus Paracelsus, den man in allen verborgenen Winkeln laborieren lässt,

auch auf dem Lauterstein eine Zeit lang sein Wesen getrieben habe. Es sind noch Mauern und Gewölbe davon übrig, die aber in dem Dickicht des Waldes der wilden Schlucht dem Anblicke von unten auf fast ganz entzogen sind."

Ackerbau konnte im Lautertal nie betrieben werden. Nur teuer erkaufte Äcker auf den Höhen Wippingens und Bermaringens erlaubten bescheidenen Anbau. Die Talwiesen reichten aber auch für eine angemessene Beweidung nicht aus. Somit bildeten die Mühlen den Hauptwirtschaftszweig. Nach dem Verkauf von Lautern 1516 über das Kloster Blaubeuren an Württemberg wurde die Burg aufgegeben.

Tipp

Die Kirche Unserer Lieben Frau soll schon im 9. Jahrhundert von Kaiser Ludwig dem Frommen gestiftet worden sein. Den mittelalterlichen Status einer Wallfahrtsstätte mit Ablasserteilung verdankt sie ihrer Nachbarschaft zum Quelltopf. Die für ein evangelisches Gotteshaus überaus kunstvoll, meist spätgotisch ausgestattete Kirche lohnt einen Besuch (täglich geöffnet). www.kirche-wippingen.de

SCHWEDENGRAB MÜHLHEIM
300 Soldaten fern der Heimat

Lage
Die Gedenkstätte für die Opfer des Dreißigjährigen Krieges liegt unterhalb des Schlosses von Mühlheim am Donauufer (Landkreis Tuttlingen).

Erreichbarkeit
Von der Oberstadt Mühlheim über die Landesstraße 443 ins Donautal zur Talsiedlung, Richtung Kolbingen/Mahlstetten. Beim großen Kreisverkehr im Gewerbegebiet auf Sichthöhe des Schlosses rechts über die Donaubrücke, danach nach links auf einen Wanderparkplatz beim Denkmal (mit Infotafeln).

Im furchtbaren Religionskrieg zwischen der Katholischen Liga des Kaisers und der Protestantischen Union war mit dem Eintritt der Schweden eine neue Eskalationsstufe erreicht. Im 12. Kriegsjahr

landete die nordische Armee 1630 auf Usedom und marschierte gegen die in Süddeutschland konzentrierten katholischen Truppen. Deren Heerführer Graf von Tilly konnte die Nordmänner nicht aufhalten. Am 4. Mai 1632 fielen 1000 schwedische Reiter unter französischer Führung in der Herrschaft Mühlheim ein. Sie beschädigten das Schloss der Adelsfamilie von Enzberg, die nach Rottweil floh, und raubten die Stadt aus. Nachdem sie den Altbürgermeister erstochen und für einige Geiseln auch noch Lösegeld erpresst hatten, zogen sie Beute suchend weiter. Im September kamen die Schweden wieder und quartierten sich zwei Monate ein, zogen danach ab, kehrten aber am 2. Februar abermals zurück, um das Ende des Winters in der Stadt abzuwarten. Das Regiment nahm auch in den Nachbarorten Nendingen und Fridingen Quartier. Am 21. Februar überraschte ein gut 4000 Mann starker Reiterverband des kaiserlichen Oberst von Goß die ruhenden Schweden und richtete ein Massaker an. Zeitzeugen berichten, dass alle Gassen und Straßen in Mühlheim mit Verwundeten und Toten bedeckt waren: „Der Blutstrom floss durchs untere Tor hinaus längs der Ortsteig hinab bis zur Donau und färbte ihr rechtes Ufer rot." Ungefähr 300 Soldaten wurden in einem Massengrab beerdigt, das man im unteren Schlossgarten an der Donau ausgehoben hatte – dort, wo heute das Denkmal steht.

Während die Bevölkerung den Überfall unbeschadet überstand, flüchteten die restlichen Schweden nach Nendingen, wurden aber dort, 200 an der Zahl, von den Kaiserlichen getötet. Bis zum Kriegsende 1648 litt das Donaustädtchen noch unter vielen Einquartierungen, rund drei Viertel der einst 450 Bewohner verloren dabei ihr Leben.

Tipp

Lohnenswert ist der Besuch der einzigartigen Kirchen-Ruine mitten in einer Waldlichtung auf dem östlich der Stadt gelegenen Welschenberg (792 Meter). Die 1652 erbaute Kapelle Maria Hilf (sonntags Gottesdienste) erreicht man über einen lang ansteigenden Forstweg (3 Kilometer) oder über einen direkten steilen Anstieg (160 Höhenmeter). www.muehlheim-donau.de

ALBSCHANZEN REUTLINGER ALB
Spanischer Erbfolgekrieg

Lage
Die Schanzanlagen an den Pässen der Zollern- und der Reutlinger Alb finden sich zwischen Salmendingen (Zollernalbkreis) und Genkingen (Kreis Reutlingen).

Erreichbarkeit
Ausgangspunkt ist der erste, kleinere Wanderparkplatz Rangkkapf (mit Grillstelle) unterhalb des Roßberges, von Sonnenbühl-Genkingen kommend. Hier gibt es auf der ersten von vier Infotafeln des Geschichtslehrpfades eine Übersicht. Tafel 2 ist 260 Meter südlich entfernt; Tafel 3 liegt 230 Meter nordöstlich, Tafel 4 befindet sich an der Buobergschanze, etwa 670 Meter östlich vom Parkplatz entfernt.

Mit dem Tod des letzten Habsburgers Karl II. auf dem spanischen Königsthron beginnt 1700 ein 13 Jahre andauerndes blutiges Ringen um die Nachfolge. Frankreichs Sonnenkönig Ludwig XIV. und Österreichs Kaiser Leopold I. erheben beide verwandtschaftliche Ansprü-

che auf das Erbe – jeweils für ihren Enkel Philipp von Anjou und Sohn Erzherzog Karl. Letztlich geht es um die Vormachtstellung in Europa und seinen Kolonien in Übersee.

Aus dem Streit entsteht der erste neuzeitliche Weltkrieg, der Spanische Erbfolgekrieg. Dass sich der Konflikt auch auf die Alb ausdehnte, lag an der Kriegserklärung Österreichs, Englands und der Niederlande am 15. Mai 1702 an das mit Bayern verbündete Frankreich. Letztere beiden wollten sich an der Donau miteinander verbünden, um wichtige Gebiete des neutralen Schwäbischen Kreises einzunehmen. Ulm war zur Operationsbasis von bayerisch-französischen Schwadronen geworden, die die schutzlosen Dörfer der Münsinger Alb überfielen. Es drohte der

Durchbruch ins Albvorland. Am 16. Februar 1703 wurde der Landsturm mobilisiert, um den gewaltigsten Verteidigungsbau seit dem Limes mittels „einer Positionierungslinie mit Verhauen, Palisaden und Schlagbäumen an allen Steigen und Pässen" zu erstellen. Die „Alblinien" waren von Geislingen/Steige bis zur Westalb geplant, nachgewiesen sind 23 heute noch sichtbare große Erdschanzen zwischen dem Übersberg bei Pfullingen und dem Dreifürstenstein. Als die Verteidigungsanlage im Sommer 1704 fertiggestellt wurde, war der Feind nicht mal in die Nähe der Linien ge-

kommen: Am 13. August wurde in der Schlacht bei Hochstätt das Schicksal der bayerisch-französischen Armee besiegelt und der Krieg in Württemberg beendet.

Tipp

Eine besonders gut erhaltene Schanzanlage (mit Infotafel) liegt am rechten Waldrand zwischen Willmandingen und dem Bolberg: In der Ortsmitte bergaufwärts zum Wanderparkplatz. Von dort gelangt man über die zum Bolberg führende Teerstraße nach 900 Metern zur Anlage.

MARIA HILF DEGGINGEN
Spätbarocke Perle

Lage
Die Wallfahrtskirche Maria Hilf liegt im oberen Filstal im Süden von Deggingen
(Landkreis Göppingen) am Fuße der Alb.

Erreichbarkeit
Zwischen Wiesensteig und Geislingen/Steige liegt das Städtchen Deggingen.
Von der Bundesstraße 466 in der Ortsmitte über die Haupt-/Mühlstraße in den
Ave-Maria-Weg fahren, der zur Wallfahrtsstätte auf eine Anhöhe am Waldrand
(Parkplatz) führt. An einem zweiten Wanderparkplatz im Tal beginnt ein
Stationenweg. www.deggingen.de

Man muss nicht katholisch sein,
um von der Aura, die die von mächtigen Lindenbäumen gesäumte
Wallfahrtskirche am Steilfall der
Alb umgibt, in den Bann gezogen
zu werden. Vor rund 300 Jahren ist
mit dem Bau dieses Kunstwerks
begonnen worden – eine Perle des
Spätbarocks. 1718 fertiggestellt, ist

das Marienheiligtum nach den An-
fangsworten des biblischen Grußes
durch den Erzengel Gabriel „Ave
Maria" benannt worden.
Ihre volle Pracht entfaltet die Kirche
aber im Innern: Reiche Stuckorna-
mentik und kunstvolle Gemälde
verherrlichen die Mutter Jesu. Das
Prunkstück bildet der Hochaltar
mit dem Gnadenbild der Jungfrau in
der Mitte. Erschaffen haben dieses
Meisterwerk Degginger Bildhauer
und Stuckateure: Ulrich Schweizer
und sein Sohn Johann. Die Fresko-
gemälde hat Josef Wannenmacher
geschaffen. Die Bilder der Seitenal-
täre und das Verkündigungsbild auf
der linken Seite stammen von dem
flämischen Künstler Martin von
Valckenborch (1535 bis 1612). Das
Gnadenbild der Madonna ist hingegen das Werk eines unbekannten

Meisters aus dem 15. Jahrhundert: Ihr Kind mit beiden Händen umfassend ist Maria dargestellt als eine Mutter, die sie sein will für das Kind und für jeden, der vertrauensvoll zu ihr kommt.

Die Tradition, in der Abgeschiedenheit des Filstals in der Stille zu beten, ist Jahrhunderte alt. Für 1372 ist bereits eine Wallfahrt bezeugt. Eine vorchristliche Kultstätte ist anzunehmen, denn etwa 200 Meter oberhalb der heutigen Barockkirche liegt ein wasserreiches, wildromantisches Quellgebiet. Hier stehen die Überreste der Kapelle „Alt Ave". Um 1450 wurde dieser marianischen Wallfahrtsstätte eine gotische Kirche angebaut, die aber während der Reformation wieder zerstört worden ist. Dem Quellwasser wird – von vielen Pilgern – heilende Wirkung nachgesagt. Auf jeden Fall sind die über Tuffsteinstufen talwärts plätschernden Wasserläufe sehr eindrücklich.

Tipp

Die Betreuung der Wallfahrenden liegt seit 1929 in den Händen der Kapuziner, die 1932 einen Klosterbau errichteten. Sie bieten Seelsorge, Beichte und die Teilnahme an Gottesdiensten. Diese finden werktäglich um 15 Uhr statt, sonntags ist Eucharistiefeier (8.30 und 10.30 Uhr; samstags zusätzlich um 9 Uhr) sowie Andacht (15 Uhr).
www.kath-dekanat-gp-gs.de

WALLFAHRTSKIRCHE LAIZ
Das vergessene Kloster

Lage

Laiz mit der Pfarrkirche St. Peter und Paul und Maria in der Ortsmitte liegt als Teilort westlich der Kreisstadt Sigmaringen an der Donau.

Erreichbarkeit

Von Albstadt kommend über die Bundesstraße 313 bei Sigmaringen die zweite Abfahrt links nach Laiz. Die Hauptstraße bis zur Donaubrücke (Wanderparkplatz mit Infotafeln). Von dort nach wenigen Hundert Metern aufwärts zur ehemaligen Wallfahrts- und heutigen Pfarrkirche mit historischem Friedhof auf einem Felssporn. Das Nachbargebäude, ehemaliger Teil des Klosters, ist heute in Privatbesitz.

Toleranz statt Folter und Hexenverbrennungen. Um 1780 öffnete sich der Hohe Adel für Reformen. Katholische Aufklärung nennt man die Phase, in der die Macht der Kirche von Herrschern beschnitten wurde. Der römisch-deutsche Kaiser Joseph II. setzte während eines Jahrzehnts ein ganzes Maßnahmenbündel durch. In der als Josephinismus bezeichneten Reform kam es zum Abriss vieler Kapellen und zur Auf-

hebung von Klöstern. „Als Quelle des Aberglaubens und des religiösen Fanatismus" musste auch das Franziskanerinnenkloster in Laiz schließen. Die Mobilien und Liegenschaften wurden versteigert, die Nonnen wurden zu ihren Familien zurückgeschickt, blieben bei Geistlichen oder kamen in ein „Absterbekloster" (Altersheim).

Wohl um 1308 war das Kloster von den Grafen von Montfort (vgl. Kapitel 93) gegründet worden. Die anfängliche Beginen-Klause wurde neben der um 1190 im romanischen Stil umgebauten Kirche errichtet. Der an einer wichtigen Donaufurt gelegene ehemalige Römerort Laiz hatte sich zu Standort eines Kapitels (Dekanats) entwickelt, ihm gehörten 15 Ortschaften an.

Nach 1440 war der Konvent auf 12 Klausnerinnen beschränkt; im 16. Jahrhundert lassen sich niederadlige Schwestern nachweisen. Bis zur Auflösung 1782 waren die meisten Frauen aus bürgerlichen und bäuerlichen Schichten und stammten aus dem Allgäu und aus Oberschwaben. 1586 gelangte in den Reformationswirren eine Pietá aus dem aufgelösten Ebinger Kloster nach Laiz. Aus der Pfarrkirche St. Peter und Paul wurde die Wallfahrtsstätte zur „Schmerzhaften Gottesmutter". Es folgten mehrere Umbauten, um des Pilgerstroms Herr zu werden. Durch die Renovierung in den 1990er-Jahren kommen die charakteristischen Merkmale einer kleinen romanischen dreischiffigen Säulenbasilika wieder zur Geltung.

Tipp

Die Kirche birgt einige kunsthistorische Kostbarkeiten: im Chor die Fresken des Trochtelfingers Heinrich Gretzinger (1430), eine stehende Madonna (1445), die Petrus- und Paulus-Figuren auf dem Triumphbogenpfeiler (1500) und eine heilige Anna selbdritt aus Lindenholz (1515). Das Ebinger Gnadenbild in der Empore ist von 1440. Die Laizer Pietá im südlichen Seitenschiff datiert auf 1360; die Madonna im nördlichen Seitenschiff wurde 1427 geschaffen.
www.kloester-bw.de

Historisches aus
Baden-Württemberg

ISBN 978-3-88627-268-6

ISBN 978-3-88627-242-6

ISBN 978-3-88627-260-0

ISBN 978-3-88627-270-9

ISBN 978-3-88627-283-9

ISBN 978-3-88627-413-0

ISBN 978-3-88627-938-1

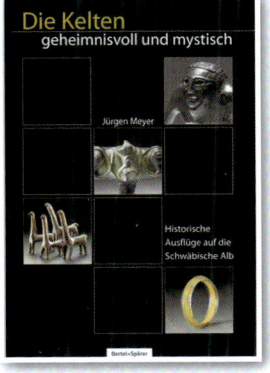

ISBN 978-3-88627-966-1

Impressum

Alle Angaben in diesem Buch wurden vom Autor sorgfältig recherchiert sowie vom Verlag geprüft. Für die Richtigkeit der Angaben kann jedoch keine Haftung übernommen werden. Für Hinweise und Anregungen sind wir jederzeit dankbar.

Bildnachweis:
Sämtliche Fotos von Jürgen Meyer, Mössingen-Belsen
ausgenommen der grafischen Darstellungen auf Seite 153 (Kapitel 56, Frühe Eisenzeit, Keltenstadt Pyrene) und Seite 157 (Kapitel 58, Frühe Eisenzeit, Alte Burg, Langenenslingen). Für die freundliche Zurverfügung-stellung danken wir dem Landesamt für Denkmalpflege im RP Stuttgart (Faber Courtial).

Umschlag:
Titelbilder: © Jürgen Meyer
Idee: PMP-Agentur für Kommunikation
Gestaltung: Oertel+Spörer Verlag

Lektorat: Monique Cantré, Sabine Tochtermann
Kartografie: Anneli Nau, München
Layout und Satz: Uhl+Massopust, Aalen
Druck und Einband: Grafisches Centrum Cono GmbH & Co. KG, Calbe

ISBN 978-3-88627-775-9

Unterwegs mit Jürgen Meyer

Ausflugsziele
Schwäbische Alb

101 Highlights
entdecken und erleben

ISBN 978-3-88627-350-8

Preis 14,95 €

Ausflugsziele
zwischen Donau
und Neckar

101 Highlights
entdecken und erleben

ISBN 978-3-88627-690-5

Preis 14,95 €